# Pragmatismus – Eine offene Frage

D1668090

# EDITION PANDORA

Herausgegeben von
Gennaro Ghirardelli

Band 28

Europäische Vorlesungen V

Hilary Putnam

# PRAGMATISMUS –
# EINE OFFENE FRAGE

Aus dem Englischen
von Reiner Grundmann

Campus Verlag · Frankfurt/New York
Editions de la Fondation Maison des Sciences
de l'Homme · Paris

*— 10.8.95 —*

Der vorliegende Text, zuerst in italienischer Sprache unter dem Titel
*Il pragmatismo: una questione aperta* erschienen, gründet auf drei
Vorträgen, die vom 24. bis 26. März 1992 im Rahmen der »Lezioni
italiane«, einer Vorlesungsreihe der Wissenschaftsstiftung Sigma-Tau und
des Verlags Laterza, an der Universität Rom gehalten wurden.
Copyright © 1992 by Editori Guis. Laterza & Figli, Roma/Bari

Dieses Buch erscheint im Rahmen eines 1985 getroffenen Abkommens
zwischen der Wissenschaftsstiftung Maison des Sciences de l'Homme und
dem Campus Verlag. Das Abkommen beinhaltet die Übersetzung und
gemeinsame Publikation deutscher und französischer geistes- und
sozialwissenschaftlicher Werke, die in enger Zusammenarbeit mit
Forschungseinrichtungen beider Länder ausgewählt werden.

Cet ouvrage est publié dans le cadre d'un accord passé en 1985 entre
la Fondation de la Maison des Sciences de l'Homme et le Campus Verlag.
Cet accord comprend la traduction et la publication en commun
d'ouvrages allemands et français dans le domaine des sciences sociales et
humaines. Ils seront choisis en collaboration avec des institutions
de recherche des deux pays.

Die Deutsche Bibliothek – CIP-Einheitsaufnahme

*Putnam, Hilary:*
Pragmatismus : eine offene Frage / Hilary Putnam. Aus dem
Engl. von Reiner Grundmann. – Frankfurt/Main ; New York :
Campus Verlag ; Paris : Ed. de la Fondation Maison des
Sciences de l'Homme, 1995
(Edition Pandora ; Bd. 28 : Europäische Vorlesungen ; 5)
Einheitssacht.: Pragmatism ⟨dt.⟩
ISBN 3-593-35260-5 (Campus Verlag)
ISBN 2-7351-0605-5 (Ed. de la Fondation Maison des Sciences de l'Homme)
NE: Edition Pandora / Europäische Vorlesungen

Umschlaggestaltung: Atelier Warminski, Büdingen
Satz: Typo Forum Gröger, Singhofen
Druck und Bindung: Druckhaus Beltz, Hemsbach
Gedruckt auf säurefreiem und chlorfrei gebleichtem Papier.
Printed in Germany

# INHALT

Übersetzer, Herausgeber und Verlag danken
Christiane Schmidt für ihre Mithilfe bei der Übersetzung
und Ulrike Steinbrenner für die Überprüfung
der sprachphilosophischen Terminologie.

# VORWORT

Im Jahre 1991 kamen Pino Donghi, Enrico Mistretta und Lorena Pretta auf die Idee, ich solle in Rom eine Reihe Vorlesungen »zu Themen meines gegenwärtigen philosophischen Interesses« halten. Ich möchte ihnen hier noch einmal meinen Dank dafür aussprechen, daß sie mir dazu Gelegenheit gaben. Das Ergebnis dieses Vorschlags waren meine drei Vorlesungen im März 1992 in der berühmten Vorlesungsreihe der »Lezioni italiane« unter der Schirmherrschaft der Stiftung Sigma-Tau und des Laterza Verlags an der Universität »La Sapienza« in Rom. Von einigen wenigen Änderungen im ersten Teil abgesehen enthält der vorliegende Band die Texte dieser drei Vorlesungen so, wie sie gehalten wurden.

Wie schon der Titel anzeigt, habe ich mich dafür entschieden, über Pragmatismus zu sprechen – nicht über Pragmatismus als eine Richtung, die ihre Glanzzeit am Ende des neunzehnten und zu Beginn des zwanzigsten Jahrhundert hatte, sondern als eine Denkrichtung von anhaltender Bedeutung und als eine Option (oder zumindest als eine *offene Frage*), die im philosophischen Denken der Gegenwart ihren Platz haben sollte. Und da in der Einladung von »meinen gegenwärtigen Interessen« die Rede war, zögerte ich nicht, darüber zu sprechen, in welcher Art ich die Spätphilosophie Wittgensteins als Parallele zu bestimmten Themen des Pragmatismus ansehe.

In einer so kurzen Vorlesungsreihe kam es für mich nicht in Frage, eine erschöpfende Darstellung des Pragmatismus zu geben oder auch nur eine detaillierte Beweisführung für die Richtigkeit jener pragmatistischen Positionen zu entwickeln, die mir symphatisch sind. Gleichwohl versuche ich, Mißverständnisse bezüglich des Pragmatismus richtigzustellen und eine Antwort auf einige voraussichtliche Einwendungen zu geben. Ich habe mich nicht dazu entschlossen, James' Theorie der Wahrheit in den Brennpunkt meiner Betrachtungen zu rücken, auch nicht dazu, Peirce, James oder Dewey in erster Linie als Teilnehmer an der Debatte über Realismus und Antirealismus zu sehen. In diesen Vorlesungen betone ich vielmehr den *Pluralismus* und den gründlich durchgeführten *Holismus*, die in den pragmatistischen Schriften allgegenwärtig sind. Wenn die Vorstellung von Tatsachen, Theorie, Werten und Interpretation als sich gegenseitig durchdringend eine bestimmte Art des metaphysischen Realismus unterminiert, dann zersetzt sie nach meiner Meinung auch modische Versionen des Antirealismus und »Postmodernismus«. In diesem kleinen Band versuche ich diese Vorstellung zur Sprache zu bringen und ihre Bedeutung zu entfalten.

# Einleitende Bemerkungen

Heutzutage neigen wir dazu, die Vorstellungen von Toleranz und Pluralismus als selbstverständlich anzusehen. Wenn wir daran denken, daß es beispielsweise im alten Athen und im späten römischen Reich eine Vielfalt von Ansichten und den Zusammenprall unterschiedlicher Meinungen gab, so halten wir dies für ein Zeichen der Lebendigkeit jener Gesellschaften. Wenigen nur ist bewußt, daß jene Gesellschaften selbst dies nicht so verstanden. Die klassischen Denker sahen Meinungsvielfalt als ein Zeichen des Verfalls und der Häresie an; erst seit der Aufklärung war es uns möglich, ihr einen positiven Wert zuzusprechen. Ein Autor[1] hat die Ansicht vertreten, daß erst, als die Gesellschaft »stärker durch die Gemeinsamkeit eines aufgeklärten Eigeninteresses als durch gemeinsame moralische und religiöse Überzeugungen« zusammengehalten wurde, »das Gedeihen von Vielfalt und Pluralismus, die in der Vergangenheit nur als Nebenprodukte und Symptome des politischen Niedergangs auftraten, zum ersten Mal als eine Form sozialer Gesundheit angenommen werden konnte«. Obgleich dieser Autor übertreibt – moderne liberale Staaten werden immer noch durch Gefühl und Tradition ebenso wie durch ein mehr oder weniger aufgeklärtes Eigeninteresse zusammengehalten – und ihm entgeht, daß der Glaube an die Toleranz selbst eine »allgemein geteilte moralische Überzeugung« ist, und eine äußerst wichtige, ist es richtig, daß moderne Gesellschaften nicht durch eine einzige, allgemeine, umfassende Weltanschauung zusammengehalten werden. Sie werden durch keine Religion zusammengehalten, und wenn es dennoch allgemeine moralische Überzeugungen gibt, so doch keine *unangefochtenen* moralischen Überzeugungen. Überdies will, von einer reaktionären Minderheit abgesehen, niemand, daß unsere Gesellschaften von nicht hinterfragten moralischen oder religiösen Systemen zusammengehalten werden sollten. Wir schätzen unsere Freiheit, unser eigenes »Schicksal« (um einen Begriff zu benutzen, den Agnes Heller vorschlug[2]) zu wählen, wobei diese Freiheit nicht nur als Freiheit, ein Gewerbe oder einen Beruf zu wählen, verstanden wird, sondern auch als Freiheit, sich für Werte, Ziele, bestimmte Normen und sogar bis zu einem gewissen Grad für Sitten zu entscheiden.

Was wir Aufklärung nennen, war zum großen Teil eine intellektuelle Bewegung, die sich dem Ziel verschrieben hatte, dieser Art »offenen Gesellschaft« eine vernünftige Grundlage zu geben; nicht nur eine politische und historische, sondern auch eine erkenntnistheoretische Grundlage, eine, die »Argumente in Bezug auf die Unsicherheit unseres moralischen und religiösen Wissens«[3] einbezog. Und die Probleme, die durch die Aufklärung geschaffen wurden, sind immer noch unsere Probleme; wir schätzen Toleranz und Pluralismus, aber wir sind beunruhigt durch den erkenntnistheoretischen Skeptizismus, der mit dieser Toleranz und diesem Pluralismus einherkam.

Ich erinnere an all dies, weil die Gegenstände, die ich untersuchen werde, nicht nur theoretischer Natur sind. Es ist eine offene Frage, ob eine aufgeklärte Gesellschaft einem zersetzenden moralischen Skeptizismus entgehen kann, ohne in einen moralischen Autoritarismus zurückzufallen. Genau diese Frage hat mich in den letzten Jahren zum Pragmatismus zurückgeführt – zu den Schriften von Peirce, James und Dewey und auch zu den Schriften von Wittgenstein, dessen Arbeit, wie ich in diesen Vorlesungen zeigen werde, Ähnlichkeiten mit dem amerikanischen Pragmatismus aufweist, auch wenn Wittgenstein nicht als »Pragmatist« bezeichnet werden wollte.

In der ersten Vorlesung versuche ich, die Bedeutung des Denkens von William James zu erklären. Dabei werde ich mich besonders auf die Weise konzentrieren, in der James Tatsachen und Werte als untrennbar ansieht; ich werde aber auch die Bühne für die Diskussion über die Untrennbarkeit von Tatsachen und Theorie sowie von Tatsachen und Interpretation in den nachfolgenden Vorlesungen bereiten. In der zweiten Vorlesung versuche ich die Stellung der Spätphilosophie Wittgensteins nicht nur in Bezug auf den Pragmatismus, sondern auch auf die Geschichte der Philosophie zu bestimmen. In der letzten Vorlesung versuche ich, das Erbe von Peirce, James, Dewey und Wittgenstein auf einige unserer zeitgenössischen philosophischen Debatten zu beziehen. Insbesondere hoffe ich, den Leser davon zu überzeugen, daß der Pragmatismus gegenüber den ungenießbaren Alternativen, die heute allzuoft die einzigen philosophischen und politischen Möglichkeiten zu sein scheinen, weit Besseres zu bieten hat.

# I

# Die bleibende Aktualität William James'[1]

William James ist eine Gestalt, die nicht einfach verschwinden wird. Nicht nur ist er nie vergessen worden, auch die postumen Reaktionen auf sein Werk, die zustimmenden wie die ablehnenden, waren überraschend leidenschaftlich. In seiner *Philosophie des Abendlandes* macht sich Bertrand Russell über James' Vorstellungen von Wahrheit lustig. Und ein großer Zeitgenosse Russells schrieb: »Die Ansicht, die in meinen Augen die materialistische Tendenz der Psychologie mit der antimaterialistischen Tendenz der Physik versöhnt, ist die [...] der amerikanischen neuen Realisten [...] Deren Auffassungen [...] stammen großenteils von William James, und bevor wir weitergehen, ist es nützlich, die revolutionäre Lehre zu betrachten, die er vertrat. Ich bin der Meinung, daß diese Lehre eine wichtige neue Wahrheit enthält, und was ich zu sagen habe, wird in beträchtlichem Maß durch sie beeinflußt sein.«[2]

Wer war dieser Zeitgenosse? Es war niemand anderer als Russell selbst! Der Russell der *Analyse des Geistes*. (Um Russell gerecht zu werden, muß man sagen, daß hier kein Widerspruch vorliegt; Russell verachtete James' Wahrheitsvorstellungen, die er lediglich karikiert, bewunderte aber James' »neutralen Monismus« – dies war Russells Ausdruck für das, was James »radikalen Empirismus« nannte. Tatsächlich erzählte mir I. B. Cohen vor kurzem, daß es, als Russell 1936 in Harvard lehrte, »zwei Helden in seinen Vorlesungen gab: Plato und James«.) In jüngerer Zeit hat Martin Gardner, der bekannte Verfasser von Kolumnen über mathematische Rätsel für den *Scientific American* und Entlarver der Telepathie und anderer Dinge, die er für Scharlatanerie hält, ein Kapitel eines Buchs über seine eigenen philosophischen Überzeugungen[3] der Kritik an James' Bestimmung der Wahrheit gewidmet. Gardner, wie ich sofort hinzufügen muß, hält James nicht für einen Scharlatan, aber er ist der Ansicht, daß »es bei James eine Blindheit gab [...] gegen die Art der Verwirrung, die unvermeidlich eintritt, wenn ein Philosoph [...] ein nützliches Wort mit einer allgemein verständlichen Bedeutung benutzt und ihm einen neuen und ungewohnten Sinn verleiht. Die Pragmatisten glaubten selbstverständlich, daß man große Vorteile aus der Neudefinition von Wahrheit als Zusammentreffen verschiedener Wahrheitstests (*sic*) ziehen könne, doch die tatsächlichen Ergebnisse waren Jahrzehnte verwirrender Debatten, auf die man unglaublich viel Zeit verschwendete.«[4] Im selben Jahr (1983) veröffentlichte Jacques Barzun seinen herrlichen Band *A Stroll with William James* aus Wertschätzung für »die Originalität und Geisteskraft, mit der James einigen der alten Sphinxen, die den irdischen Wanderer wie immer unter Androhung der Todesstrafe herausfordern, begegnete und sie unterwarf.«[5]

Wenn ich diesem Geflecht von Anerkennung und Kritik, das William James umrankt, etwas hinzufüge, so ist dies nicht einfach eine Huldigung für einen Vorgänger. Ich glaube, daß James ein überzeugender Denker war, so überzeugend wie kaum jemand im letzten Jahrhundert, und daß seine Art zu philosophieren Möglichkeiten enthält, die zu lange außer acht gelassen wurden, daß sie uns Auswege aus alten philosophischen »Bindungen« weist, die uns immer noch plagen. Kurz gesagt, ich glaube, daß es höchste Zeit ist, dem Pragmatismus Aufmerksamkeit zu schenken, der Bewegung, deren wahrscheinlich größter Vertreter James war.

Ich möchte jedoch gleich hinzufügen – und sicher zu Ihrer Erleichterung –, daß diese Vorlesungen nicht vorgeben, die detaillierte und genaue Untersuchung zu sein, die wir brauchen. Er ist vielmehr eine Ankündigung eines solchen Projektes, eine Darstellung dessen, daß es sich lohnt.

Ich werde mit dem Hinweis auf einen der Gründe beginnen, warum James' Philosophie derart widersprüchliche Reaktionen hervorruft. Eine der Haupteigenschaften seiner Philosophie ist ihr *Holismus*: Es gibt eine offensichtliche, wenn auch stillschweigende Ablehnung vieler bekannter Dualismen: Tat-

sachen, Werte und Theorie werden von James als sich gegenseitig durchdringend und voneinander abhängig angesehen.[6] (In
der dritten Vorlesung werde ich die These vertreten, daß Interpretation – von Bedeutungen und Lebensformen – und Wissen
von Tatsachen sich in ähnlicher Weise gegenseitig durchdringen;
grundsätzlich würde James, wie ich glaube, dem zustimmen.)
Eine andere Charakteristik dieser Philosophie – eine, die
zumindest einen seiner Hauptanhänger[7] verwirrte – ist ein star-
ker Hang zu dem, was Philosophen gewöhnlich *direkten Realismus*[8] nennen, das ist die Lehre, daß Wahrnehmung (normalerweise) eine von Gegenständen und Ereignissen »da draußen« ist
und nicht von privaten »Sinnesdaten«. Holismus und direkter
Realismus mögen unvereinbar erscheinen: So erschienen sie
dem Oxforder Philosophen F. C. S. Schiller, dem bereits
erwähnten Anhänger, für den der Realismus bei James eine Art
Rückfall darstellte, und so erschienen sie auch Bertrand Russell,
der sie als zwei geschiedene Momente in James' Denken ansah;
der erste fehlgeleitet und der zweite voller Einsicht. Nach meiner und Ruth Anna Putnams Überzeugung, die mit mir an einem Projekt über James' Philosophie arbeitet, sind diese beiden
Aspekte in James' Philosophie alles andere als unvereinbar, sondern voneinander abhängig; jeder setzt den jeweils anderen voraus und ist für die richtige Interpretation des anderen vonnöten.
Aber ich werde davon absehen, diese interpretative Behauptung
im Detail zu beweisen; statt dessen werde ich nur versuchen,
Ihnen eine Vorstellung davon zu vermitteln, auf was beide
jeweils hinauslaufen.

## Wahrheit

Die Passage, die meist aus dem Zusammenhang gerissen und
gegen James selbst verwendet wird, ist die folgende: »Das
›Wahre‹ ist letzten Endes und alles in allem nur das Nützliche in

unserem Denken«.[9] Das entspricht wörtlich dem, was Russell zitiert. James' Kritiker lesen diese Stelle so, als sage er, daß, wenn die Konsequenzen des Glaubens an *p* für die Menschheit[10] gut sind, dann sei *p* wahr. Deshalb kann Russell schreiben: »Diese Doktrin bereitet mir grosse gedankliche Schwierigkeiten. Sie nimmt an, dass ein Glaube ›wahr‹ sei, wenn er gute Auswirkungen hat.«[11] Aber dies ist nicht das, was James meint; es ist sogar nicht einmal das, was er *sagt*. Tatsächlich schrieb er:

»*›Das Wahre‹ ist, um es kurz zu sagen, nichts anderes als das, was uns auf dem Wege des Denkens vorwärts bringt, so wie ›das Richtige‹ das ist, was uns in unserem Benehmen vorwärts bringt.* Dabei meine ich vorwärtsbringend in fast jeder Art und vorwärtsbringend im ganzen und großen. Denn was der gegenwärtigen Erfahrung entspricht, das wird einer künftigen Erfahrung vielleicht nicht in gleich befriedigender Weise entsprechen. Die Erfahrung läuft zuweilen über und zwingt uns, unsere Formeln richtig zu stellen.«[12]

Ich werde Ihre Geduld nicht durch genaue Textanalysen auf die Probe stellen – ich werde fortan einfach dogmatisch, ohne Textbeweise anzutreten, erklären, was James meiner Ansicht nach im Sinn hat. Dennoch kann ich der Versuchung nicht widerstehen zu zeigen, wie Russells Fehlinterpretation von James einer üblichen Fehlinterpretation einer ebenso berühmten Stelle bei Wittgenstein gleicht. Wittgenstein schrieb: »Man kann für eine *große* Klasse von Fällen der Benützung des Wortes ›Bedeutung‹ – wenn auch nicht für *alle* Fälle seiner Benützung – dieses Wort so erklären: Die Bedeutung eines Wortes ist sein Gebrauch in der Sprache.«[13] Hier ignorieren viele Kommentatoren einfach das »wenn auch nicht für *alle* Fälle« und ersetzen außerdem Wittgensteins Begriff von »Gebrauch« durch ihren eigenen und sagen schließlich, Wittgenstein schlüge die »Theorie« vor, »die Bedeutung ist gleich der Gebrauch«, an welchem Punkt jede Möglichkeit zu verstehen, was Wittgenstein tatsächlich sagt, verschwindet. In gleicher Weise ignoriert Russell »um es kurz zu sagen« und »in *fast* jeder Art«[14], offensichtliche Hinweise darauf, daß wir es hier mit einer thematischen Darstellung zu tun haben und nicht mit einem Versuch, eine Definition des »Wahren« zu formulieren – außerdem ersetzt er James' Begriff der »Nützlichkeit« durch seinen eigenen, um schließlich zu behaupten, James schlüge die Theorie vor, »wahr« bedeute, »gute Wirkungen zu haben« – an welchem Punkt jede Möglichkeit zu verstehen, was James tatsächlich sagt, verschwindet.

Tatsache ist, daß man James' Philosophie nicht einfacher auf eine Kurzformel bringen kann als die Wittgensteins. Doch thematischen Aussagen wie der oben zitierten[15] folgen in James' Text sowie in seinen anderen Schriften Diskussionen über Haupt*typen* von Aussagen, zum Beispiel Aussagen über die Memorial Hall und andere wahrnehmbare Gegenstände, Aussagen über abstraktere Dinge wie die Elastizität der Uhrfeder, Aussagen in zeitgenössischen physikalischen Theorien, mathematische, ethische und religiöse Aussagen. Es stellt sich heraus, daß verschiedene Typen von Aussagen mit verschiedenen *Typen* von »Nützlichkeit« korrespondieren; es gibt keinen Hinweis darauf, daß eine willkürliche Aussage »wahr« sei, wenn sie bloß in irgendeiner Weise nützlich ist (selbst »im ganzen und großen«). Zum Beispiel ist die Ansicht, die James oft zugeschrieben wird – daß eine Aussage wahr ist, wenn es die Leute subjektiv *glücklich* macht, sie zu glauben –, von James explizit *zurückgewiesen* worden.[16] Im Falle paradigmatischer, »Tatsachen« betreffender Aussagen, einschließlich wissenschaftlicher Aussagen, gibt es eine Nützlichkeit, die James wiederholt erwähnt: die Zweckmäßigkeit der Voraussage,[17] während andere Desiderata – Bewahrung der herkömmlichen Lehre,[18] Einfachheit[19] und Kohärenz (»was für jeden Teil des Lebens am besten paßt, was sich mit der Gesamtheit der Erfahrungen am besten vereinigen läßt«[20]) – auf alle Arten von Aussagen anwendbar seien. Die

Behauptung Quines,[21] wonach der Erfolg bei der gleichzeitigen Befriedigung dieser Desiderata eher eine Frage des Abwägens als formaler Regeln sei, ist ebenfalls eine Idee von James.[22]

Eine zweite Kritik an James – eine, die manchmal von Anhängern James', wie Morton White, und manchmal von Kritikern, wie Martin Gardner, vorgebracht wird – besteht darin, daß James in Wirklichkeit über *Bestätigung* und nicht über Wahrheit spreche. James gebe uns eine Darstellung der *Bestätigung*, sagen diese Kritiker, und glaube fälschlicherweise, uns eine der Wahrheit zu geben. Die Kritiker behaupten außerdem, daß das Problem der Wahrheit durch die Arbeit des großen Logikers Tarski in diesem Jahrhundert gelöst wurde. Ich selbst glaube,[23] daß trotz Tarskis großen technischen Beitrags sein Werk *nichts* zur Klärung des Wahrheitsbegriffs enthält, doch das ist hier nicht mein Thema. Wie auch immer, James begeht *nicht* den Fehler, Bestätigung und Wahrheit zu verwechseln,[24] obgleich er sicher glaubt, daß hier eine enge Verbindung besteht.

Die Verbindung existiert aus folgendem Grund: Zu sagen, Wahrheit sei »Übereinstimmung mit der Realität«, ist nicht falsch, sondern *leer*, solange nichts darüber gesagt wird, was die »Übereinstimmung« ist. Nimmt man an, die »Übereinstimmung« sei völlig unabhängig von den Weisen, in denen wir unsere Behauptungen bestätigen (wodurch denkbar wird, daß das, was wahr ist, völlig *verschieden* ist von dem, was wir gerechtfertigter Weise für *wahr halten* dürfen, nicht nur manchmal, sondern immer), dann ist die »Übereinstimmung« geheimnisvoll und unser vermeintliches Verständnis von ihr auch. James meint, Wahrheit müsse so beschaffen sein, daß wir sagen können, wie es uns möglich ist, sie zu begreifen. Und häufig setzt er wie Peirce Wahrheit mit der »endgültigen Meinung« gleich, das heißt nicht mit dem, was gegenwärtig bestätigt ist, sondern mit dem, was dazu »bestimmt« ist, bestätigt zu werden, wenn die Untersuchung in einem verantwortlichen und revidierbaren Sinne lang genug fortgesetzt wird. Wahrheit, schreibt James an einer Stelle, ist die »Bestimmung des Denkens«, und weiter unten: »Das einzige objektive Kriterium der Realität ist der Zwang, den sie längerfristig auf das Denken ausübt.«[25]

Das ist selbstverständlich eine sehr problematische Position, obwohl verschiedene ihrer Bestandteile heute von Philosophen, die zum Teil James nie erwähnen, fortgesetzt neu erfunden und heiß diskutiert werden. Lassen Sie mich nur darauf hinweisen, daß diese Fragen – das Verhältnis von Wahrheit, gerechtfertigter Behauptbarkeit und dauerhafter Glaubwürdigkeit, wohin die Forschung womöglich führen muß, wenn sie in der richtigen Manier ausgeführt wird, et cetera – heute in Büchern und Artikeln der Putnams, Michael Dummetts, Nelson Goodmans, Richard Rortys und Bernard Williams' auftauchen. Sie beziehen verschiedene und manchmal sogar gegensätzliche Positionen zu diesen Fragen, die aber alle genau den Punkt sehr ernst nehmen, auf dem James beharrte, daß nämlich unser Verständnis des Wahrheitsbegriffs nicht als mysteriöser mentaler Akt dargestellt werden darf, durch den wir uns mit einem von den Praktiken, mittels derer wir *entscheiden*, was wahr und was nicht wahr ist, völlig unabhängigen Verhältnis, genannt »Korrespondenz«, in Verbindung bringen.

Um sicherzugehen: Die Zurückweisung dieser Art metaphysischen Realismus' verlangt von uns nicht, den Pragmatisten bei der Gleichsetzung des Wahren mit dem, was auf lange Sicht »verifiziert« ist (oder sein würde), zu folgen. Im Gegensatz zu den Pragmatisten glaube ich nicht, daß Wahrheit mit Begriffen der Verifikation *definiert* werden kann. (Leser, die an meiner eigenen und jüngsten Darstellung der Wahrheitsvorstellung interessiert sind, können sie in meinen *Dewey-Lectures* »Sense, Nonsense, and the Senses; An Inquiry into the Powers of the Human Mind«[26] ausgeführt finden.) Dennoch stimme ich mit den Pragmatisten darin überein, daß Wahrheit und Verifikation nicht einfach voneinander unabhängige Begriffe ohne wechselseitige Beziehungen sind. Zum Beispiel, verifizieren zu können, daß ich einen Stuhl vor mir habe, setzt voraus, zu wissen, wie ein Stuhl aussieht, wozu wir ihn benützen und wie es sich anfühlt, auf einem zu sitzen. Jemandem, dem diese Fähigkeiten fehlen – denn bei dieser Art von Wissen handelt es sich nur um die Beherrschung einer Anzahl praktischer Fähigkeiten –, dem fehlte nicht nur die Fähigkeit, die Behauptung »vor mir steht ein Stuhl« zu *bestätigen*; einer solchen Person fehlte jede Vorstellung von einem Stuhl und damit die Fähigkeit, zu verstehen, was an der Aussage »vor mir steht ein Stuhl« *wahr* ist.

Ich will aber nicht behaupten, daß für das Verstehen einer *jeden* Aussage in jedem Fall das Wissen um ihre Bestätigung erforderlich ist. Selbst wenn wir eine Aussage nehmen, wie zum Beispiel »es gibt kein intelligentes außerirdisches Leben«, die wir überhaupt nicht bestätigen können, sind die darin verwendeten Begriffe tatsächlich Begriffe, die in anderen, einfacheren Aussagen vorkommen, welche wir sehr wohl verifizieren können. Unsere Fähigkeit, eine solche »nicht verifizierbare« Aussage zu verstehen, ist keine *freistehende* Fähigkeit. Zu verstehen, was in einem gegebenen Fall Wahrheit ist, und zu verstehen, was Bestätigung ist, sind ineinander verwobene Fähigkeiten; und das ist etwas, was die Pragmatisten mit als erste gesehen haben, auch wenn (wie jeder Philosoph, der eine Einsicht als erster formuliert) sie ihre Idee zu simpel ausgedrückt haben. James' »Theorie der Wahrheit« mag falsch gewesen sein, doch wußte er sehr wohl um den Unterschied zwischen Wahrheit und Bestätigung und verwechselte die beiden nicht einfach. Er glaubte, daß, weil unsere Behauptungen ihren Gehalt aus den Rollen beziehen, die sie in unserem Leben spielen, eine Darstellung der Wahrheit ihre Substanz aus der damit verbundenen Darstellung, wie man zur Wahrheit gelangt, bezieht. So, wie er es selbst ausdrückt: »Wenn ich Ihnen sage, wie man zum Bahnhof kommt, führe ich Sie damit nicht implizit in das *Was*, in das Sein und die Natur dieses Gebäudes ein?«[27]

## Holismus

Bis hierher mag James' Position positivistisch klingen, und das erste Mißverständnis des Pragmatismus, welches James in »The Pragmatist Account of Truth and its Misunderstanders«[28] behandelt, lautet: »Der Pragmatismus ist lediglich eine Neuauflage des Positivimus«.[29] Die Antwort James' besteht darin, sich vom Phänomenalismus des zeitgenössischen (Machschen) Positivismus zu distanzieren. Der Pragmatismus behauptet nicht, Wissen sei auf die Abfolge unserer *Wahrnehmungen* beschränkt. Aber unsere heutigen Neopositivisten (ich hoffe, Quine hat nichts dagegen, wenn ich ihn als solchen einstufe) sind nicht phänomenalistischer als James es war, und ich habe bereits gesagt, daß James und Quine, zumindest im Fall der wissenschaftlichen Aussagen, beide gerechtfertigte Behauptbarkeit als eine Frage des »Kompromisses« zwischen sehr ähnlichen Desiderata ansehen – Voraussage, Bewahrung der alten Lehre, Einfachheit und allgemeine Kohärenz. Allein aus diesem Grund muß man James' Position vom Neopositivismus unterscheiden, wenn wir ihre heutige Bedeutung herausfinden wollen.

Der Unterschied hat mit der Zurückweisung herkömmlicher Dualismen zu tun: Tatsachen und Werte, Tatsachen und Theorie, Tatsachen und Interpretation –, die ich zu Beginn erwähnte. Diese Zurückweisung ist übrigens das erste pragmatistische Thema, dem ich in meinem eigenen Studium ausgesetzt war. Ich studierte damals an der Universität von Pennsylvania, und einer von James' Studenten, A. E. Singer, war in der dortigen Fakultät über viele Jahre ein berühmter Professor.

Obwohl Singer schon emeritiert war, als ich zur Universität kam, lebte er noch in Philadelphia, und einige Professoren besuchten ihn regelmäßig. Einer von ihnen, C. West Churchman, notierte die folgenden vier Prinzipien, die er Singer zuschrieb, an die Tafel:

1) Wissen von Tatsachen setzt Wissen von Theorien voraus.
2) Wissen von Theorien setzt Wissen von Tatsachen voraus.
3) Wissen von Tatsachen setzt Wissen von Werten voraus.
4) Wissen von Werten setzt Wissen von Tatsachen voraus.

Ich bin sicher, daß Singers Lehrer, William James, einverstanden gewesen wäre! (1) und (2) sind nicht mehr kontrovers, obgleich sie es zu James' Zeiten sehr waren (und sogar noch einige Jahrzehnte nach seinem Tod, als einige Mitglieder des Wiener Kreises die Idee von »Protokollsätzen«, das heißt von Berichten der direkten Erfahrung, die nicht durch Theorie kontaminiert seien, vertraten.) Aber (3) und (4) sind heute so umstritten wie damals, weshalb ich einige Gründe für ihre Anerkennung anführen möchte.

Ein Desideratum, das sowohl von den Pragmatisten als auch den Neopositivisten akzeptiert wird, ist das der *Kohärenz*.[30] Doch was ist ein »kohärentes« Gedankensystem? Bloße deduktive Konsistenz dürfte kaum genügen; obwohl nicht vollkommen klar ist, warum Positivisten gerade *das* verlangen. (Wenn das grundlegende Ziel der Wissenschaft *Voraussage* ist, kann dieses Ziel nicht effizienter erreicht werden, indem wir eine Vielzahl von Theorien zuließen, jede konsistent und erfolgreich auf ihrem eigenen Gebiet, auch wenn ihre Verbindung nicht konsistent wäre? Wir könnten die Verbindung von Aussagen aus verschiedenen Theorien, abgesehen von speziellen Ausnahmefällen, einfach verbieten – dies ist tatsächlich auch vom Princetoner Philosophen Bas van Fraassen verteidigt worden.) Die Sache ist die, daß Kohärenz als Desideratum genau deshalb sinnvoll ist, weil wir in unserem Wissenssystem *mehr* sehen als nur eine Voraussagemaschine; wir streben nach einer *Weltanschauung* [dt. i. Orig.]. Wie James bemerkt: »Eine *zu weit gehende* Erklärung, die alle unsere Vorurteile zerstört, würde niemals für eine wahre Erklärung […] gelten können. Wir würden uns den Kopf zerbrechen, bis wir etwas weniger Exzentrisches gefunden hätten.«[31]

Doch was erklärend und was »zu weit gehend« ist, ist oft eine Streitfrage, sogar in den exakten Wissenschaften. Die gegenwärtige Fassung der Quantenmechanik ist das Ergebnis zweier Konferenzen in Solveg in den dreißiger Jahren; und bei diesen Konferenzen wurden philosophische Fragen genauso erörtert wie physikalische! Außerdem ist die quantenmechanische *Weltanschauung* [dt. i. Orig.], die aus der zweiten Solveg-Konferenz hervorging – die »Kopenhagener Interpretation« –, auch heute noch kontrovers. Eine wesentliche Minderheit von Kosmologen hat sie zugunsten der »Vielwelteninterpretation« fallengelassen – einer Interpretation, die unter anderem beinhaltet, daß es »parallele Welten« gibt, sehr wahrscheinlich einschließlich solcher, in denen Amerika immer noch eine britische Kolonie ist, die Französische Revolution nie stattfand et cetera! Ich muß gestehen, daß die »Vielweltentheorie« für mich tatsächlich »zu weitgehend« *ist*. Beide Seiten geben jedoch zu, daß es nicht um *Voraussagen* geht. Strittig ist die Frage, was als Erklärung zählt und was nicht, was als kohärent gilt und was nicht. Und wenn solche Debatten auf einer grundsätzlichen Ebene zum Ausbruch kommen, überschreiten sie immer Grenzen; philosophische Fragen werden mit »wissenschaftlichen« vermengt, und kulturelle und sogar metaphysische Vorurteile spielen eine Rolle. James beschreibt diese Situation richtig, indem er sagt: »Jede neue Wahrheit ist ein Vermitteln, ein Mildern von Übergängen. Sie vermählt die alte Meinung mit der neuen Tatsache, mit einem Minimum von Erschütterung und einem Maximum von Kontinuität. Wir halten eine Theorie in dem Maße für wahr, als sie dieses Problem der Maxima und

Minima erfolgreich zu lösen vermag. Diese Lösung ist freilich immer nur eine approximative [vgl. Quines »*trade-offs*«]. Wir sagen: Diese Theorie löst dieses Problem in befriedigenderer Weise als jene; aber ›befriedigender‹ heißt: befriedigender *für uns*, und jeder wird dabei auf einen anderen Punkt mehr Gewicht legen. Bis zu einem gewissen Grade ist hier alles im Flusse.«[32]

Bitte beachten Sie, daß ich nicht behaupte, die grundlegenden methodologischen und philosophischen Fragen, die anstehen, wenn wir tiefe Änderungen in unseren Paradigmen wissenschaftlicher Erklärung vollziehen, seien *ethische* Fragen, sondern ich behaupte, daß es *Wertefragen* sind, die hier einbezogen werden, weil die Entscheidung, was als »kohärent« und was als »zu weit gehend« zu *gelten* hat, in jedem Fall ein Werturteil ist.

Zumindest in der Physik pflegen empiristische Wissenschaftsphilosophen zu behaupten, daß wir das »Beobachtungsvokabular« als feststehend betrachten können, da jedes physikalische Phänomen, wie auch immer gewählt, bei der Demonstration einen Unterschied zu den Bewegungen der Gegenstände mittlerer Größe hervorrufen muß, wie zum Beispiel auf gewöhnlichen Skalen und photographischen Platten. (Obgleich uns Wissenschaftshistoriker und Wissenschaftsphilosophen daran erinnert haben, daß die Beschreibung der Bewegung dieser mittelgroßen Gegenstände ausnahmslos theorieabhängig ist.) Aber wenn wir uns dem Studium des Menschen nähern, kann noch nicht einmal dies angenommen werden. Wir klassifizieren die Menschen als grausam oder mitfühlend, sozial geschickt oder unfähig, Kenner oder Anfänger und manchmal mit einem hohen Grad an intersubjektiver Übereinstimmung; dennoch gibt es keinen Grund zur Annahme, daß diese Klassifikationen auf ein festes physikalisches Vokabular zurückgeführt werden könnten.[33] Darüber hinaus sind einige dieser Klassifikationen Klassifikationen von Phänomen, deren bloße Existenz teilweise erst *durch* diese Klassifikationen hervorgebracht und aufrechterhalten wird. Daniel Bell bezeichnete diese Ordnung von Phänomenen gelegentlich als »die konstruierte Ordnung«. Zum Beispiel (das Beispiel ist von Bell) ist das Geschlecht ein biologisches Phänomen [*sex*], doch auch ein »konstruiertes« Phänomen [*gender*]; ob man Menschen als männlich oder weiblich einstuft, ist eine Frage der Biologie, aber ob man sie als »mädchenhaft« oder »ritterlich« einstuft, ist eine Frage der Kultur, und wie wir wissen, ist es unwahrscheinlich, daß Verhaltensweisen, die als »mädchenhaft« oder »ritterlich« bezeichnet werden, ohne die Klassifikationen fortdauern würden. Ob sie fortbestehen, ist kaum unabhängig von der Annahme oder Ablehnung der Bewertungen, die diese Klassifikationen voraussetzen. Ähnlich wahrscheinlich ist, daß es eine biologisch angeborene Fähigkeit gibt, unter bestimmten Umständen für jemand anderen Mitleid zu empfinden, aber »ein mitfühlendes Individuum zu sein« ist nicht möglich ohne eine Kultur, die das menschliche Verhalten unter solchen Kategorien klassifiziert und die Bewertungen, die durch diese Rubriken impliziert werden, teilt. Es gibt keine »Totalität von Beobachtungstatsachen«, die von vornherein zur Beschreibung feststünde; was vorliegt, sogar auf der Ebene der Beobachtungstatsachen, wird teilweise davon abhängen, welche Kulturen wir schaffen, und das heißt, welche Sprachen wir ausbilden. James drückt es wie folgt aus: »Ich für meinen Teil kann mich der Überlegung nicht entziehen, die sich bei jeder Gelegenheit aufdrängt, daß der Erkennende nicht einfach ein Spiegel ist, der ohne Halt überall umherschwebt und passiv eine Ordnung wiederspiegelt, auf die er stößt und die er als existent vorfindet. Der Erkennende ist zum einen ein Akteur und Faktor der Wahrheit, während er zum anderen die Wahrheit, die er schaffen hilft, registriert.«[34]

Ich bin dafür eingetreten, daß James (und ebenso Singer)

mit der Annahme Recht hatten, daß Entscheidungen über »Tatsachen« und »Werturteile« voneinander abhängen und sich gegenseitig bedingen. Und wenn James sagte, daß das Wahre »vorwärtsbringend in fast jeder Art« sein könnte, so sagte er das, glaube ich, genau aus dem Grunde, weil man nicht vorhersehen kann, *welche* Erwägungen sich auf lange Sicht bei einer gegebenen Frage als relevant herausstellen werden. Vivian Walsh wandelte hierfür eine Quinesche Metapher ab: »Um Quines lebendiges Bild zu verwenden: Wenn eine Theorie schwarz vor Tatsachen und weiß vor Konventionen ist, so kann sie doch [...] rot vor Werten sein [durch Werte gelesen werden].«[35]

Den vier Prinzipien, die James' Schüler Singer schon in den vierziger Jahren aufstellte, hätte er zwei weitere hinzufügen können:

5) Wissen von Tatsachen setzt Wissen von Interpretationen voraus.

6) Wissen von Interpretationen setzt Wissen von Tatsachen voraus.

Wenn man davon spricht, das wissenschaftliche Theoriesystem zu prüfen, indem man seine »Voraussagen überprüft«, so macht dies nur Sinn, wenn es schon eine gemeinsame Welt und eine gemeinsame Sprache gibt. Um zu wissen, ob jemand dieselbe Voraussage wie ich geprüft hat, muß man verstehen, was der andere sagt; und das bedeutet, daß Interpretationssachverhalte und Fragen in Bezug auf Tatsachen einander voraussetzen und bedingen.

Daniel Dennett hat kürzlich behauptet,[36] daß eine Interpretationshaltung in dem Maße korrekt ist, wie sie für eine *Voraussage* optimal ist – vorauszusagen, was das Interpretierte sagen und tun wird. Doch ich kann diese Ansicht überhaupt nicht plausibel finden. Ich habe beispielsweise Überzeugungen darüber, was Aristoteles mit bestimmten Ausführungen meinte;

aber ich behaupte nicht, Aristoteles' »Dispositionen« besser vorhersagen zu können als andere. (Es wäre verfehlt, wollte man sagen: »Du mußt voraussagen, daß *Aristoteles, wenn er heutiges Englisch spräche, die laufende philosophische Literatur gelesen hätte et cetera, sagen würde, deine Interpretation seiner Ausführung in heutiger Sprache sei die korrekte.*« Die hypothetische Situation ist für mich zu weit hergeholt, um zu glauben, daß diese kontrafaktische Aussage sinnvoll sei. Ich glaube nicht, daß Aristoteles die Disposition *besaß*, um Aussagen in heutigem Englisch zu treffen! Auch in Bezug auf Zeitgenossen gibt es einen Unterschied zwischen dem Interpretieren von Gesagtem oder Geschriebenen und dem Voraussagen, wie der Betreffende auf die Interpretation reagieren würde. Feindselige Interpretationen zum Beispiel, deren Absicht ist zu zeigen, daß der betreffende Diskurs hohl, aufgeblasen, dumm oder heuchlerisch ist, werden vom Interpretierten eigentlich nie akzeptiert, wenn sie *korrekt* sind. Obwohl Interpretation und Voraussage voneinander abhängen, kann Interpretation nicht einfach auf Voraussage reduziert werden.[37])

James' Ansichten haben zu seinen Lebzeiten und später Gegner und genauso immer auch Anhänger gefunden. Wenn ich eine Vermutung aussprechen darf, so ist das Charakteristikum seiner Weltanschauung, auf das ich hingewiesen habe, die Vision einer gegenseitigen Abhängigkeit von Tatsachen, Theorie, Werten und Interpretation, eine der Ursachen für diese Anziehungskraft. Denjenigen unter uns, die das haben, was James das pragmatische »Temperament« nennen würde, erscheint diese Vision einfach *realistischer* als die Vision jener, die uns davon zu überzeugen suchen, daß die gewohnten Dualismen korrekt sein *müssen*.

# Realismus

Weiter oben habe ich erwähnt, daß James' Philosophie neben dem Angriff auf die Dualismen eine starke Tendenz zum »direkten« Realismus aufweist, einer Lehre, die Wahrnehmung auf Gegenstände und Ereignisse »dort draußen« und nicht auf private »Sinnesdaten« bezieht. Ich sagte auch, daß Ruth Anna Putnam und ich der Ansicht sind, daß jeder dieser Aspekte seiner Philsophie, durchaus vereinbar mit den anderen, diese voraussetzt, und jeder notwendig ist für die exakte Interpretation der anderen. Die *Essays on Radical Empiricism*, in denen James seine Wahrnehmungstheorie darlegt, sind der technischste Teil seiner Philosophie (nicht zufällig bewunderte Russell diesen Teil so sehr). Einerseits wegen dieses technischen Charakters und andererseits, weil ich nicht zu weit abschweifen möchte, werde ich nicht auf die Einzelheiten eingehen. (Diejenigen, die daran interessiert sind, können sich meine beiden Essays über James im dritten Teil von *Realism with a Human Face* ansehen.[38]) Ich möchte aber ein Wort über das Verhältnis zwischen diesen beiden Elementen in James' Denken sagen.

Einigen ist sicher geläufig, daß der Angriff auf Dualitäten ein Grundzug im Denken von Jacques Derrida darstellt, doch in Derridas Händen (vielleicht sollte ich sagen »unter Derridas Feder«, bedenkt man seine unermüdliche Betonung der *Schrift*) verwandelt sich dies in eine Art Weltverlust, einen Verlust des »Außerhalb des Textes«. Für Derrida ist jede Vorstellung davon, daß wir Zugang zu einer gemeinsamen äußeren Welt hätten, eine Rückkehr zu etwas, das er »Metaphysik der Gegenwart« nennt, zu den verrufenen Ideen der Unkorrigierbarkeit und eines vorbegrifflichen Gegebenen. Genau die Tatsache, daß James' Betonung dessen, was er die »Plastizität« der Wahrheit nennt, unserer Rolle als »Koeffizienten der einen Seite der Wahrheit«, ausgeglichen wird durch sein Beharren darauf, daß wir eine gemeinsame Welt teilen und wahrnehmen, daß »wir die Wahrheit, bei deren Erschaffung wir mithelfen, erfassen«, setzt ihn von allen Formen des Skeptizismus ab. In der Tat wurde der Pragmatismus seit den ersten pragmatistischen Schriften von Peirce durch *Antiskeptizismus* gekennzeichnet: Pragmatisten sind der Ansicht, daß der *Zweifel* genauso einer Rechtfertigung bedarf wie der Glaube (Peirce machte eine berühmte Unterscheidung zwischen »wirklichem« und »philosophischem« Zweifel); und durch *Fallibilismus*: Pragmatisten sind der Ansicht, daß es keine metaphysischen Garantien dafür geben kann, daß sogar unsere tiefsten Überzeugungen niemals der Revision bedürfen. Daß man beides, Fallibilist *und* Antiskeptizist sein kann, ist vielleicht *die* grundlegende Einsicht des amerikanischen Pragmatismus.

Dies scheint ein delikater (einige werden meinen, ein unmöglicher) Balanceakt zu sein, doch er repräsentiert die Situation, in der wir leben. Etwas vom Geruch der Unmöglichkeit wird verschwinden, wenn wir uns vergegenwärtigen – Peirce, James und Dewey, alle drei haben versucht, uns dabei zu helfen –, daß der Zugang zu einer gemeinsamen Realität keine Unkorrigierbarkeit erfordert. So wie der Fallibilismus uns nicht zwingt, *alles* zu bezweifeln – er zwingt uns nur, darauf vorbereitet zu sein, *jedes einzelne* zu bezweifeln, wenn gute Gründe dafür auftauchen! –, so beweist die Tatsache, daß die Wahrnehmung *manchmal* irrtümlich ist, nicht, daß auch *nicht* irrige Wahrnehmung wirklich Wahrnehmung von »Erscheinungen« ist. Es hilft vielleicht auch, wenn wir uns vergegenwärtigen – wie Peirce, James und Dewey betonten –, daß der Zugang zu einer gemeinsamen Realität keinen Zugang zu etwas *Vorbegrifflichem* erfordert. Das verlangt allerdings, daß wir in der Lage sein sollten, *gemeinsame* Begriffe zu bilden.

Einige werden auch an die Kontroverse erinnert sein, die sich um die Interpretation der Spätphilosophie Wittgensteins rankt. So wie James versucht, den Wahrheitsbegriff zu »humanisieren«, ihn (wie alle Begriffe) als menschliches Instrument anzusehen und nicht als eine Idee, die vom Himmel gefallen ist, besteht Wittgenstein darauf, daß alle unsere Begriffe von unserer »Lebensform« abhängen. Und es gibt auch ein realistisches Element in Wittgensteins Philosophie. Ich erinnere mich, einmal (fälschlicherweise) gesagt zu haben, daß Wittgenstein niemals eine Wendung wie »übereinstimmen mit der Realität« gebrauche, und Cora Diamond mich innehalten ließ und ausführte, daß Wittgenstein in einer Vorlesung über die Grundlagen der Mathematik[39] bemerkt, er würde sagen: »Dieser Stuhl ist blau« *stimme mit einer Realität überein*, obwohl er nur sagen könne, mit welcher Realität, indem er genau diesen Satz verwende. Wittgenstein ruft uns ins Gedächtnis, daß »die Dies und Das, auf die wir zeigen können«, unsere Paradigmen der Realität sind. Und manche halten diesen realistischen Zug (falls sie ihn überhaupt bemerken) für eine Inkonsistenz in Wittgensteins Denken. Es mag seltsam erscheinen, angesichts Wittgensteins Feindseligkeit gegenüber der Metaphysik und James' unleugbarer metaphysischer Neigung, James mit dem späten Wittgenstein zu vergleichen, aber der Vergleich ist nicht völlig aus der Luft gegriffen: Tatsächlich bringt James in »The Moral Philosopher and the Moral Life«[40] ein Argument vor, das eindeutig eine Vorwegnahme von Wittgensteins berühmtem Privatsprachenargument ist, und verteidigt die Behauptung, daß »Wahrheit einen Maßstab außerhalb des Denkers voraussetzt«.

Dies sind unglaublich schwierige Fragen, und ich will keinesfalls den Eindruck erwecken, man könne die »Antworten« bei James oder Wittgenstein finden, oder daß es überhaupt endgültige »Antworten« gäbe. Aber es lohnt sich, darüber nachzudenken, und ich finde James' Art, dies zu tun, (in anderer Weise auch Wittgensteins Art) inspirierend.

# Philosophie und Leben

Lassen Sie mich zum Abschluß der Hoffnung Ausdruck verleihen, beim Versuch, James gegen den Vorwurf der Inkonsistenz zu verteidigen, nicht die Komplexität und Tiefe seiner Auseinandersetzung so stark betont zu haben, daß die Tatsache aus dem Blick gerät, daß für James, wie für Sokrates, die zentrale philosophische Frage ist, *wie man leben soll.* Doch für James, wie für Sokrates und seine Nachfolger, ist der Gegensatz zwischen einer Philosophie, die sich mit dieser Frage beschäftigt, und einer Philosophie, die sich mit schwierigen technischen Fragen befaßt, ein falscher Gegensatz. Wir wollen Ideale, und wir wollen eine Weltanschauung, und wir wollen, daß unsere Ideale und unsere Weltanschauung sich gegenseitig unterstützen. Philosophie, die nur aus Argumenten besteht, stillt keinen wirklichen Hunger; während Philosophie, die nur Vision ist, wirklichen Hunger stillt, aber nur mit Brei. Wenn es einen vorrangigen Grund gibt, sich mit James zu beschäftigen, so den, daß er ein Genie war, das sich mit wirklichem Hunger befaßte und dessen Gedanken, was immer ihre Unzulänglichkeiten sein mögen, reichhaltige Nahrung für das Denken bieten und nicht nur für das Denken, sondern auch für das Leben.

# II

## WAR WITTGENSTEIN EIN PRAGMATIST?

Obwohl die pragmatistische Tendenz der Spätphilosophie Wittgensteins jetzt Thema sein wird, ist der Titel etwas irreführend, da ich mindestens so viel über das Verhältnis seiner Philosophie zu Kant sagen möchte, wie etwa zu William James. Der Titel könnte also auch lauten: »War Wittgenstein ein Neukantianer?«

Durch diesen doppelten Vergleich möchte ich die vorherrschende Meinung bekämpfen, Wittgenstein sei einer der Philosophen, die das »Ende der Philosohie« verkünden, das heißt die Meinung, die ganze »Botschaft« seiner späten Schriften bestehe darin, die Philosophie analog zur Neurose zu verstehen, und der Zweck seines Werks sei, uns zu ermöglichen, »mit der Philosophie Schluß zu machen«.

Wenn man sich der Spätphilosophie Wittgensteins zuwendet, steht man vor der Schwierigkeit, daß Wittgenstein es entschieden ablehnt, philosophische Thesen zu entwickeln. Seiner Erklärung zufolge liegt es in seiner Absicht, unseren Blickwinkel zu ändern[1] und nicht Thesen aufzustellen. Wenn es in der Philosophie Thesen gäbe, sagt er, würde sie jeder als trivial ansehen. Also, obwohl ich etwas zum Beispiel in der Philosophie Rudolf Carnaps benennen kann, das nach meiner Überzeugung grundlegend richtig ist, indem ich sage, daß etwas an Carnaps Unterscheidung zwischen externen und internen Fragen richtig ist, auch wenn er diese Unterscheidung so nur treffen konnte aufgrund dessen, was Quine die »zwei Dogmen des Empirismus«[2] nannte; und obwohl ich einige Dinge in der Philosophie Hans Reichenbachs benennen kann, die nach meiner Überzeugung dauerhaft richtig sind, indem ich sage, daß Reichenbach mit seiner Kritik an Kants *synthethischem Apriori*[3] Recht hatte und daß Reichenbachs Idee der äquivalenten Beschreibungen von dauerhaftem Wert ist, kann ich doch nicht einfach eine dauerhaft richtige *These* Wittgensteins angeben. Trotzdem glaube ich, daß wir durch die Einsicht, wie Wittgensteins Überlegungen von Kant herstammen und einige seiner Gedanken weiterführen und wie sie einer bestimmten Tendenz im Pragmatismus entsprechen, in die Lage versetzt werden, besser zu verstehen, auf welche *Weise* Wittgenstein unseren Blickwinkel, unsere Art, die Dinge zu sehen, ändern will, und auch zu sehen, warum es so schwer fällt, diese Änderung in Form einer »These« auszudrücken.

## Kant

Ich beginne also mit Kant. Wenn ich sagen sollte, was in Kants erster Kritik dauerhaft richtig ist – ich bin tatsächlich der Ansicht, daß es in jedem seiner Bücher etwas dauerhaft Richtiges gibt –, so würde ich sagen, daß er, was auch immer seine Fehler sein mögen (das synthetische Apriori beispielsweise), der erste war, der gesehen hat, daß man die Welt durch Beschreibung nicht einfach kopiert. Kant hat gesehen, daß unsere Beschreibungen von irgend etwas in der Welt immer durch unsere eigene Begriffswahl vorgeformt sind. Wenn ich sage, daß unsere Beschreibungen der Welt durch unsere eigene Begriffswahl vorgeformt sind, meine ich nicht bloß, daß sie eine triviale semantische Konventionalität aufweisen, was durch die Tatsache anschaulich wird, daß wir etwas beschreiben können, indem wir sagen, es sei einen Meter oder aber neununddreißig Komma soundso viele Zentimeter lang. Kant wußte, daß wir die Welt für verschiedene Zwecke beschreiben, zum Beispiel für wissenschaftliche oder moralische, und daß keine dieser Beschreibungen auf eine andere zurückgeführt oder in eine andere übersetzt werden kann, obwohl er glaubte – zu Recht, wie ich meine –, daß unsere moralischen und unsere wissenschaftlichen Vorstellungen beide richtig sein können. Doch Kant wurde selbst Opfer einer Verwirrung. Diese besteht in der Annahme, daß eine Beschreibung, die durch unsere Begriffswahl vorgeformt ist, aus genau diesem

Grund irgendwie keine Beschreibung seines Gegenstandes, so »wie er wirklich ist«, sei. Sobald wir *diesen* Fehler machen, lassen wir die Frage zu: »Wenn unsere Beschreibungen nur *unsere* Beschreibungen sind, von unseren Interessen und unserer Natur geformt sind, wie sieht dann eine Beschreibung der Dinge, so wie sie *an sich* sind, aus?« Doch dieses »an sich« ist ziemlich leer – die Frage, wie die Dinge »an sich« seien, ist genau genommen die Frage nach der Beschreibung der Welt in ihrer eigenen Sprache, also etwas, was es nicht gibt; es gibt nur die Sprachen, die wir Sprachenbenutzer für unsere verschiedenartigen Zwecke erfinden. (In der ersten Kritik kommt Kant selbst mehrmals an den Punkt, wo sich der Begriff eines »Dings an sich« als leer erweist, schrickt aber jedesmal vor der Anerkennung dieser Tatsache zurück; dennnoch würde ich behaupten, daß es eine gewisse Anerkennung dieser Tatsache *gibt*, vereinzelt sogar in der ersten Kritik.) Aber selbst wenn Kant nur unvollständig und fehlerhaft erkennt, daß unsere Beschreibung der Welt durch unsere eigene Begriffswahl geformt ist, die wiederum durch unsere Natur und Interessen bestimmt wird – unvollständig, einerseits wegen des Begriffs des »Dings an sich«* und andererseits wegen der Auffassung, unsere Begriffswahl sei durch eine Art undurchdringlicher transzendentaler Vernunftstruktur ein für alle Mal festgelegt –, so scheint mir doch, daß Kant im Vergleich zu allen früheren Philosophen einen entscheidenen Schritt weiter ging, indem er die Vorstellung, jede Beschreibung der Welt könne einfach nur ein Abbild der Welt sein, aufgegeben hat.

Darüber hinaus wissen wir, daß die Absicht, diesen Punkt von Kant zu übernehmen, während man den Gedanken einer transzendentalen Struktur der Vernunft, der zu einer Reihe von apriorischen Kategorien und synthetischen apriorischen Wahrheiten et cetera führt, fallenläßt, in der deutschen Philosophie vor Wittgenstein allgegenwärtig war. Zum Beispiel hat Schopenhauer in seiner eigenwilligen Spielart des Kantianismus die Vernunft durch den Willen ersetzt, und wir wissen, daß der junge Wittgenstein von Schopenhauer tief beeinflußt war.

Ein anderer faszinierender Aspekt bei Kant ist das, was ich den *aufkommenden* Pluralismus nennen würde. Ich habe darauf schon mit dem Hinweis angespielt, daß es bei Kant nicht nur ein Bild der Welt gibt, sondern zwei, ein wissenschaftliches und ein moralisches. Dies mag man freilich eher als Dualismus denn als Pluralismus bezeichnen; doch ich glaube, daß wir, vor allem in der dritten Kritik und den nachkritischen Schriften, eine *Tendenz* zum eigentlichen Pluralismus vor uns haben, der sich Kant vielleicht widersetzte, die aber dennoch in seinem Werk auftaucht. Insbesondere sehen wir statt des einfachen Dualismus eines wissenschaftlichen und eines moralischen Weltbildes verschiedenartige Wechselwirkungen zwischen diesen beiden und verschiedene Nebenerscheinungen. Letztere entstehen aus der gegenseitigen Abhängigkeit der beiden Weltbilder, worauf ich gleich kommen werde; sie entstehen aus der Wechselwirkung zwischen praktischer Vernunft und Sensibilität und Neigung und so weiter. Kant beginnt tatsächlich nicht nur von einem moralischen und einem wissenschaftlichen Weltbild zu sprechen, sondern auch (in: *Die Religion innerhalb der Grenzen der bloßen Vernunft*) von einem religiösen, welches zwar dem moralischen untergeordnet ist, aber doch anfängt, etwas Autonomie zu entwickeln; in der *Kritik der Urteilskraft* spricht er auch von etwas, was man ästhethische Weltbilder nennen könnte, und auch von rechtlichen Weltbildern und so weiter. Sicher blieb Kant dabei, wie in unseren Tagen Quine, daß nur das wissenschaftliche Weltbild das enthält, was man zu Recht als »Wissen« bezeichnet. Doch dieser Zug in Kants Denken wurde durch William James und Wittgensteins Spätphilosophie in Frage gestellt.

In gewisser Weise kann ich damit schon eine »These« aufstellen (im Gegensatz zu Wittgenstein habe ich, wie Sie sehen, durchaus »Thesen«), und zwar, daß Wittgensteins *Praxis* nicht verstanden werden kann als einfache *Zurückweisung* einer traditonellen Philosophie; Wittgenstein setzt genauso eine Tradition philosophischer Reflexion fort, wie er bestimmte Arten philosophischer Reflexion zurückweist.

Das Moment der Zurückweisung ist bei Wittgenstein sicherlich vorhanden; es ist schroff und auf gewisse Weise erschreckend. Wittgenstein sagt uns, daß die traditionellen Projekte der Metaphysik und Erkenntnistheorie gescheitert sind, nicht nur am Ende, sondern von Anfang an, daß sie Totgeburten waren, daß die herkömmlich formulierten Fragen, die Metaphysik und Erkenntnistheorie erzeugen sollten, unsinnig sind.[4] Von der Erkenntnistheorie nimmt man beispielsweise oft an, sie sei durch die Frage »Was ist die Natur des Wissens?« entstanden, aber Wittgenstein, so wie ich ihn lese, möchte darauf hinweisen, daß es uns noch nicht gelungen ist, der schlichten Annahme, Wissen habe eine »Natur«, einen Sinn zu verleihen. Und es hilft nichts, sie in formaler Sprache neu zu formulieren; also etwa »Wie analysiert man den Wissensbegriff?« oder »Was bedeutet das Wort ›wissen‹?« Denn Wittgenstein will uns sagen, daß die Vorstellung (die heute noch in den »Kausaltheorien des Wissens« und den Theorien der »gerechtfertigten wahren Überzeugungen« verbreitet ist), das Wort »wissen« habe eine Bedeutung, die es wie eine »Aura« in allen Verwendungskontexten umgibt und begleitet, und die festlegt, wie wir es in diesen Kontexten benutzen, eine Illusion ist. Das Wort »wissen« verwenden wir, um viele verschiedene Aufgaben zu erfüllen. Man kann sicherlich Aufgaben beschreiben, die das Wort »wissen« erfüllt, aber man betreibt damit noch keine traditionelle oder sogar moderne, nicht traditionelle Erkenntnistheorie im Stile Rudolf Carnaps. Man kann und wird beispielsweise nicht sagen, was die Kriterien sind, durch die wir wissen, welche Verwendungen des Wortes »wissen« in Zukunft erlaubt oder vernünftig und welche verboten oder irrational sein werden, da niemand das für alle Male sagen kann. Menschen sind Wesen, die sich selbst überraschen; wir haben immer neue Sprachspiele geschaffen, und wir werden weiterhin neue Sprachspiele erschaffen; wir haben den Verwendungsbereich des Wortes »wissen« immer erweitert und verändert, und wir werden ihn weiterhin erweitern und verändern.

## Rorty und Wittgenstein

Was ich soeben gesagt habe, klingt sehr nach Richard Rorty, und tatsächlich stellt er uns in *Kontingenz, Ironie und Solidarität* seine Ansichten als eine Erweiterung derjenigen des späten Wittgensteins vor. Das Ergebnis von Rortys Interpretation der Vorstellungen, die ich gerade beschrieben habe, ist folgendes: Wir haben eine Anzahl von Sprachspielen; was in einem Sprachspiel wahr oder falsch ist, wird durch eine Reihe von Kriterien bestimmt; man kann danach fragen, was die richtige Verwendung des Wortes »wissen« *in einem bestimmten Sprachspiel* ist, und man kann diese Frage untersuchen, indem man die Ethnographie oder die Ideengeschichte oder Wittgensteins Sprachanalyse zu Hilfe nimmt, aber man wird immer nur eine Beschreibung der Verwendung des Wortes in einem bestimmten Sprachspiel erhalten. Weiterhin gibt es nach Rorty kein Sprachspiel, das *besser* wäre als ein anderes, außer im Sinne von »besser in Bezug auf bestimmte Interessen«. Natürlich würde Rorty darin zustimmen, daß wir immer neue Sprachspiele produzieren, oder zumindest hofft er, daß dies der Fall ist.

Diese Rortysche Interpretation der Spätphilosophie Wittgensteins, die heute zweifelsohne einflußreich ist, scheint mir sowohl eine Verfälschung Wittgensteins als auch eine Klärung seiner Absicht darzustellen. Sie kommt jedoch den Interpretationen nahe, die vor etwa dreißig Jahren von Epigonen Witt-

gensteins wie Norman Malcolm vorgenommen wurden. Als
ich mit der Philosophie begann, galt ein großer Teil meiner
Aktivitäten tatsächlich der Widerlegung von Malcolms Wittgensteinianismus, und mein Kollege Stanley Cavell verwandte viel Zeit darauf zu zeigen, daß die Sichtweise Malcolms nicht diejenige Wittgensteins war. Der Kern von Rortys Lesart besteht in seinem Vergleich von Kriterien mit »Programmen«. Seit der Veröffentlichung von *Der Spiegel der
Natur* sieht er das, was er in diesem Buch als »normalen« Diskurs und in *Kontingenz, Ironie und Solidarität* mit dem Wittgensteinschen Begriff »Sprachspiel« bezeichnet hat, als etwas
an, was von »Algorithmen« oder »Programmen« beherrscht
wird.[5] Wenn wir uns in einem »normalen Diskurs« befinden,
wenn wir »dasselbe Sprachspiel spielen«, folgen wir den Programmen in unserem Gehirn und sind uns einig. Das ist Rortys Bild.

Ich will sagen, daß dieses Bild von Sprachbenutzern als
Automaten zutiefst unwittgensteinianisch ist. Das liegt, glaube
ich, daran, daß Rorty Sprachspiele im Grunde als automatische Abläufe ansieht, so daß er jeden normativen Vernunftbe-
griff als metaphysisches Kauderwelsch abtut. Wenn *ich* beispielsweise sage, daß es bessere und schlechtere Sprachspiele
gibt und daß die menschliche Vernunft nicht nur eine Fähigkeit
darstellt, sondern eine große Anzahl von Fähigkeiten, die uns
unter anderem ermöglichen, bessere und schlechtere Sprachspiele zu unterscheiden, dann reagiert Rorty mit dem Satz
»Putnam ist zu guter Letzt ein metaphysischer Realist geworden«.[6] Und in der Tat, wenn die Vernunft in dem Sinn, in dem
ich den Begriff gerade gebraucht habe, überhaupt nicht vonnöten wäre, um innerhalb eines Sprachspiels zu sprechen; wenn
die Vernunft etwas wäre, was wir nur heranziehen müßten,
wenn wir Philosophen erklären wollen, warum wir manchmal
ein Sprachspiel aufgeben und ein neues annehmen, dann wäre
dies ein verdächtiger Begriff. Auf diese Weise wirkt sich Rortys

Bild vom »normalen Diskurs« tiefgreifend auf sein Bild von nicht normalen oder »hermeneutischen« Diskursen aus.

Aber dieses Bild des normalen Diskurses ist in meinen Augen eine Karikatur unseres Lebens mit unserer Sprache. Zunächst einmal sind die Leute, die in jedem Sinne *eine* Sprache sprechen und nicht ein »neues Vokabular« oder etwas ähnliches annehmen, sehr oft nicht in der Lage, sich zu einigen, indem sie die »Kriterien« verwenden, die sie kennen. Rorty und ich, und wahrscheinlich alle vernünftigen Leute, die gute Zeitungen lesen, sind überzeugt, daß es jetzt keine amerikanischen Kriegsgefangenen in Vietnam gibt. Einige rechte Spinner in unserem Land (und verständlicherweise einige Angehörige der Soldaten, die während des Vietnamkriegs als vermißt gemeldet wurden) glauben, daß es heute noch amerikanische Kriegsgefangene in Vietnam gebe. Würde Rorty sagen, daß der Begriff der »Objektivität« in solchem Fall nicht anwendbar sei? Würde er sagen, daß der rechte Spinner »ein anderes Sprachspiel spielt« und daß es keine objektive Tatsache hinsichtlich der Frage danach, ob es in Vietnam heute noch amerikanische Kriegsgefangene gebe, gibt? Würde er sagen, daß der Satz »Es gibt keine amerikanischen Kriegsgefangenen mehr in Vietnam« »im Sprachspiel, das Rorty und ich spielen, wahr« und »im Sprachspiel, das rechte Spinner spielen, falsch« sei, und daß das alles ist, was man hierzu sagen könne? Eine Position, die die Vorstellung von *Programmen und Algorithmen im Gehirn* ernst nimmt, nicht aber die Vorstellung, daß es *heute in Vietnam amerikanische Kriegsgefangene entweder gibt oder nicht gibt*, darf man sicherlich nicht mit irgend etwas, das Wittgenstein je glaubte, gleichsetzen.

Wittgenstein selbst weist ziemlich eindeutig darauf hin, daß Sprache *nicht* einfach eine Angelegenheit der Regelbefolgung ist (wie Rechenregeln); nicht nur, weil Regeln nicht die »Grundlage« der Sprache sind (das heißt, daß Regeln selbst nach Wittgenstein darauf beruhen, was er unsere »normalen

Reaktionen« nennt). Die Stellen in den *Philosophischen Untersuchungen*, an die ich hier erinnern möchte, sind folgende: Einerseits gibt es natürlich Teile der Sprache, in welchen wir normalerweise alle übereinstimmen. Zum Beispiel bezeichnen wir normalerweise in etwa die gleichen Dinge als rot. Und wir geraten sicher nicht in Streit darüber, welche *Farbe* rot ist. (Ein skeptischer Zweifel daran, ob die Farbe, die wir alle »rot« *nennen*, wirklich rot *ist*, ist inkohärent.) Entsprechend haben wir keine Meinungsverschiedenheiten darüber, welche Operation eins zu einer Zahl hinzuzählt (hier denke ich an Zahlen, die Leute wirklich niederschreiben und addieren, nicht an Zahlen, die sechs Lichtjahre lang sind, oder Zahlen in logisch möglichen Welten, oder ähnliches). In den Fällen, die in unserem Alltagsleben vorkommen, entwickeln sich keine Meinungsverschiedenheiten darüber, was es bedeutet, eins oder zwei zu einer Zahl hinzuzuzählen. (Und ein skeptischer Zweifel daran, ob die Operation, die wir »addiere zwei« *nennen*, wirklich zwei *hinzuzähle*, wäre verrückt.) Wittgenstein geht es darum, diese Punkte, die zwar keine »Thesen« sind, dennoch zu betonen, um, wie er ganz deutlich sagt, eine bestimmte Art mentalistischer Mystifikation dessen zu bekämpfen, was es heißt, zum Beispiel die Regel »addiere zwei« zu verstehen. Wenn man aber annimmt, daß Wittgenstein, weil er auf solche Fälle am Anfang der *Untersuchungen* den Akzent legt, der Ansicht wäre, *die gesamte* Sprache sei so geartet, das heißt von Regeln ähnlich den Rechenregeln beherrscht, liest man ihn nachlässig.

Lassen Sie mich eine Stelle zitieren, in der Wittgenstein zeigt, daß die Sprache dem nicht ganz entspricht. Der Kontext ist der, daß er sich Leute vorstellt, die darüber streiten, ob jemand behauptet, ein Gefühl zu haben, das er nicht hat:

»›Du verstehst ja nichts!‹ so sagt man, wenn Einer anzweifelt, was wir klar als echt erkennen, – aber wir können nichts beweisen.

Gibt es über die Echtheit des Gefühlsausdrucks ein ›fachmännisches‹ Urteil? – Es gibt auch da Menschen mit ›besserem‹ und Menschen mit ›schlechterem‹ Urteil.

Aus dem Urteil des besseren Menschenkenners werden, im allgemeinen, richtigere Prognosen hervorgehen.

Kann man Menschenkenntnis lernen? Ja; Mancher kann sie lernen. Aber nicht durch einen Lehrkurs, sondern durch ›Erfahrung‹. – Kann ein Andrer dabei sein Lehrer sein? Gewiß. Er gibt ihm von Zeit zu Zeit den richtigen *Wink*. – So schaut hier das ›Lernen‹ und das ›Lehren‹ aus. – Was man erlernt, ist keine Technik; man lernt richtige Urteile. Es gibt auch Regeln, aber sie bilden kein System, und nur der Erfahrene kann sie richtig anwenden. Unähnlich den Rechenregeln.«[7]

Auch hier sehen wir, daß Wittgenstein explizit erkennt, daß es auch innerhalb eines Sprachspiels Wahrheiten geben kann, die nicht jeder sieht, weil nicht jeder das Geschick entwickeln kann, die dabei eine Rolle spielende »unwägbare Evidenz«[8] zu erkennen. Manche Leute können einfach besser sagen, was vor sich geht. Nichts wäre vom Bild des Sprachspiels weiter entfernt als eine automatische Leistung, wie es die Durchführung eines Algorithmus ist. (Ich vernachlässige hier die Frage, ob *alles*, was wir tun, einschließlich der allgemeinen Intelligenz, letztlich eine Frage der Algorithmendurchführung ist, vielleicht nicht auf der Ebene unserer sogenannten »Beschreibung der Performance«, aber auf der Ebene unserer sogenannten »Beschreibung der Kompetenz«, weil ich glaube, daß diese Fragen keine Relevanz für das haben, was Rorty macht. Rortys Begriff eines »Programms« ist so, daß er zu *identischem* Verhalten von allen Mitgliedern der Sprachgemeinschaft führt, wohingegen allgemeine Intelligenz nicht immer die Übereinstimmung aller Mitglieder einer Sprachgemeinschaft zur Folge hat; ich habe mich mit der Frage des Funktionalismus ausführlich in *Repräsentation und Realität* befaßt.)

Es gibt nicht nur bessere und schlechtere Ausführungen innerhalb eines Sprachspiels, sondern nach Wittgenstein auch bessere und schlechtere Sprachspiele. Beispielsweise sieht er die Sprachspiele der Philosophen als einengend an: Philosophen befinden sich im »Bann eines Bildes«; sie reden Unsinn. Er steht anderen Arten nichtphilosophischer und nichtwissenschaftlicher Sprachspiele sehr viel wohlwollender gegenüber, insbesondere den Sprachspielen der »primitiven« Völker. (Obgleich er keineswegs den üblichen westlichen Fortschrittsglauben teilt, wonach vor-schriftliche Völker sich einfach auf der Stufe der Vorwissenschaftlichkeit oder der Pseudowissenschaft oder des Aberglaubens befänden, deutet er doch an, daß es einige primitive Sprachspiele gibt, die er »bekämpfen« würde, und einige, die er »absurd«[9] findet. Er erwähnt als Beispiel die Feuerprobe.)

Ich fasse zusammen. Aus Rortys Lesart Wittgensteins folgen sehr radikale Thesen, zum Beispiel die, daß es kein Sprachspiel gebe, das besser als die anderen sei, nur besser *im Verhältnis zu diesem oder jenem Interesse*, und wir können (nach Rorty) nicht sagen, daß Newtons Physik der des Aristoteles überlegen sei, oder daß es Dinge gebe, die in Aristoteles' Physik falsch und in Newtons Physik richtig seien.[10] Keine dieser Thesen sollte in Wittgenstein hineingelesen werden. Trotzdem muß ich sagen, daß Rortys Lesart, obwohl sie nicht richtig ist, wirklich einen Zug von Wittgensteins Sichtweise einfängt. Wittgenstein übernimmt und erweitert das, was ich weiter oben Kants Pluralismus genannt habe; das heißt den Gedanken, daß keinem Sprachspiel das exklusive Recht zukommt, »wahr« oder »vernünftig« oder »unser erstklassiges Begriffssystem«[11] oder das System, welches »die endgültige Natur der Realität bezeichnet«, oder ähnliches, genannt zu werden. In gewisser Weise spaltet Wittgenstein die Differenzen zwischen Rorty und Quine auf; er stimmt mit Rorty gegen Quine darin überein, daß man nicht sagen kann, die Sprachspiele der Wissenschaft seien die einzigen Sprachspiele, in denen wir Wahrheiten sagen oder schreiben oder in denen wir die Realität

47

beschreiben; auf der anderen Seite ist er mit Quine gegen Rorty darin einig, daß Sprachspiele kritisiert (oder »bekämpft«) werden können; daß es bessere und schlechtere Sprachspiele gibt.[12]

## Mehr über Wittgenstein und Kant

Ich komme nun zu der Frage nach dem Verhältnis zwischen der Spätphilosophie Wittgensteins und der Philosophie Kants zurück. Ich werde gleich auf einen Aspekt dieses Verhältnisses eingehen, der bisher noch nicht erwähnt wurde; doch zuvor möchte ich aber noch etwas über die Unterschiede zwischen Wittgenstein und Kant auf den Gebieten, die wir bislang behandelt haben, sagen. Einige sind offensichtlich: Wie schon ausgeführt, verabschiedet Wittgenstein den Begriff des »Dings an sich«, das synthetische Apriori, die Kategorientafel et cetera. Man könnte sagen, Wittgenstein »naturalisiere« den Kantianismus (das wurde auch über William James gesagt). Aber worin besteht hier die »Naturalisierung«? Naturalisieren ist ein gefährliches Wort; besonders heute, da der »Naturalismus« oft mit reduktionistischen Spielarten des Physikalismus verbunden wird; und Wittgenstein ist kein Reduktionist. Die »Naturalisierung« beschreibt man vielleicht am besten als eine *Deflation*. Es ist natürlich, Kants Sichtweise mit der Aussage zu beschreiben: Wir können die Welt, so wie sie an sich ist, nicht beschreiben. Und so stellt Rorty tatsächlich wiederholt eine seiner (wie er meint) Übereinstimmungen mit Wittgenstein dar. Doch Wittgenstein versucht, uns – seiner Strategie getreu, keine »Thesen« aufzustellen – davon zu überzeugen, daß es auf diesem Gebiet keine interessanten Thesen gibt. Für Wittgenstein ist die Verneinung einer Pseudoproposition eine Pseudoproposition; die Verneinung von Unsinn ist Unsinn. Wenn wir davon überzeugt sind, daß es *unverständlich* ist zu

48

sagen: »Manchmal gelingt es uns, die Realität so zu beschreiben, wie sie an sich ist«, dann sollte uns klar sein, daß es genauso unverständlich ist zu sagen: »Uns gelingt es nie, die Realität so zu beschreiben, wie sie an sich ist«, und noch unverständlicher (weil das eigentlich philosophische »nicht können« eingeführt wird): »Wir *können* die Realität, so wie sie an sich ist, *nicht* beschreiben«. Diese große Rortysche These ist das Trugbild einer Wahrheit, die Illusion einer kosmischen Entdeckung. Man könnte tatsächlich sagen, es sei für Wittgenstein charakteristisch, uns zeigen zu wollen, daß, wenn Philosophen sagen, sie *könnten* etwas *nicht* tun, etwas sei *unmöglich*, diese unmögliche Sache typischerweise etwas Unsinniges ist, etwas Unverständliches, der Philosoph also von einem Unvermögen so zu sprechen scheint, wie der Physiker von einem Unvermögen spricht, wenn er sagt: »Man kann kein Perpetuum mobile bauen«, oder von einer Grenze, die man nicht überschreiten kann; aber bei genauerem Hinsehen stellt sich heraus, daß die Grenze eine Fata Morgana ist, oder noch nicht einmal eine Fata Morgana, sondern eine bloße Schimäre. Wir können Sprachen lernen und ändern und erfinden und in ihnen Wahrheiten festlegen; das *ist* das Beschreiben der Realität. Wenn man sagt: »Ja, aber es ist kein Beschreiben der Realität an sich«, so sagt man *gar nichts*. Wittgenstein ist in dem berühmten letzten Satz des *Tractatus* vielleicht tatsächlich der Versuchung zum Opfer gefallen, zu sagen, daß wir etwas *nicht* tun *können*, was sinnlos ist zu tun. Wovon man nicht sprechen kann, darüber *muß* man schweigen, bedeutet genau besehen, daß wir nicht versuchen dürfen auszudrücken … *was?* (James Conant hat kürzlich gemeint[13], daß dies ein gewollter Widerspruch sei; daß der *Tractatus* sich auf diese Weise selbst in den Abgrund begibt, um genau das zu erreichen, um was es mir hier geht.)

Zusammenfassend gibt es also einen enormen Unterschied zwischen dem kantischen *Ton*, den Rorty beibehält, indem er sagt, daß wir die Realität, so wie sie an sich ist, *nicht* beschreiben *können*, und dem wittgensteinschen Ton, der seinen Leser dazu bringen will, *nicht sagen zu wollen*, »Wir können die Realität so beschreiben, wie sie an sich ist« oder »Wir können die Realität nicht so beschreiben, wie sie an sich ist«. Auch die tiefsinnig klingende Bemerkung, die ich auf meine Weise vorhin gemacht habe, daß es nämlich Wahrheiten gibt, die nicht in unser »erstklassisches Begriffsschema«, wie Quine es nennt, gehören, die aber dennoch völlig verständlich und wahr sind, wird in gewisser Weise entwertet, wenn ich Wittgenstein lese; entwertet durch die Tatsache, daß er sehr triviale Beispiele anführt. Wenn ich beispielsweise jemandem die Anweisung gebe »Stell dich hier hin« und später beschreibe, was passierte, und sage: »Ich sagte ihm, sich dorthin zu stellen, und dann photographierte ich ihn«, so sage ich sicherlich das, »was wahr ist«, und dennoch ist »Er stand dort« kaum etwas, das in Quines »Begriffsschema erster Ordnung« gehört. Nochmal: Anstatt zu sagen, daß wir »ein moralisches und ein wissenschaftliches Weltbild« haben, wie ein Neukantianer sagen würde, sagt Wittgenstein einfach, daß auch die ethischen Wörter in unserer Sprache Verwendungsweisen haben.

Dieser Aspekt von Wittgensteins Praxis, daß er uns diesen neuen philosophischen Gesichtspunkt *vertraut* erscheinen lassen will, scheint keine Angelegenheit philosophischer Thesen zu sein, sondern von evidenten Tatsachen, die wir schon immer wußten. Dies erinnert mich manchmal (wie auch Stanley Cavell) an eine Seite des amerikanischen Transzendentalismus, die Seite, die von Thoreau mit den Worten ausgedrückt wurde: »Es gibt überall einen festen Grund«[14] (auch wenn er natürlich unter einer fürchterlichen Menge Schlamm verborgen liegt). Wittgenstein beschreibt seine Aufgabe schließlich – in einer Passage, die Thoreau würdig wäre – als diejenige, die unsere Worte in das *Haus* der Sprache zurückbringe.

Trotz dieser Differenzen – und es sind tiefgreifende – zwischen Wittgenstein und Kant möchte ich wiederholen, daß selbst wenn man der *Praxis* der Philosophen so kritisch gegenübersteht wie Wittgenstein, man sehen kann, daß ein großer Metaphysiker wie Kant nicht nur jemand ist, der einige große und entscheidende Fehler machte; man muß auch sagen, daß es bei Kant einige echte Einsichten gibt, die schwer erkämpft waren und von denen Wittgenstein selbst beeinflußt war. Wittgenstein hätte nicht so weit sehen können, hätte er nicht auf den Schultern dieses Riesen gestanden.

## Der Vorrang der praktischen Vernunft

Es gibt aber noch eine andere Seite in Kants Denken, eine, die unmittelbar mit dem Pragmatismus in Zusammenhang steht: die Seite, die wir den *Vorrang der praktischen Vernunft* nennen könnten. Denjenigen, die sich mit Kant beschäftigt haben, ist klar, daß ein großer Teil seines Werks direkt politisch motiviert und auch politisch anwendbar war. Sogar der Zentralbegriff der »Selbstbestimmung«, den Kant in der zweiten Kritik und in der *Grundlegung zur Metaphysik der Sitten* verwendet, war direkt von Rousseau übernommen; zu Kants Zeiten war die Vorstellung, daß die Gesellschaft eine freie Vereinigung selbstbestimmter Bürger sein sollte, eine revolutionäre Idee. Doch ich möchte einen anderen Aspekt des Vorrangs der praktischen Vernunft bei Kant erwähnen, und zwar Kants berühmte Behauptung (im Teil zur Methodenlehre der *Kritik der reinen Vernunft*), daß uns das theoretische Verständnis allein nicht zur Idee der Wissenschaft als eines *einheitlichen Systems von Gesetzen* geführt hätte (was ich so verstehe, daß Kant meint, wir wären nicht einmal bis zu Newtons Physik vorgestoßen, geschweige denn bis zum regulativen Ideal einer möglichen Wissenschaft, die Physik, Biologie et cetera umfassen würde), daß uns dies allein nicht über das Wissen von individuellen induktiven Verallgemeinerungen hinausgeführt hätte. Um das Wissen zu erlangen, das durch Newtons Weltsystem dargestellt ist (heute würden wir vielleicht sagen, durch Einsteins Weltsystem oder die Quantenmechanik), braucht man das, was Kant *die regulative Idee der Natur* nannte. Das heißt, man braucht die Vorstellung einer Natur, die nicht nur durch einzelne Gesetze bestimmt wird, sondern durch ein System von Gesetzen. Diese Vorstellung stammt, wie Kant erklärt, nicht aus der theoretischen Vernunft, sondern aus der *reinen praktischen Vernunft*. Kant meinte, daß die Gesetze, die die theoretische Wissenschaft bei ihren größten Errungenschaften leiten, Gesetze sind, die von einer bestimmten Vorstellung, die wir uns von der Vollkommenheit der menschlichen Forschung machen, abgeleitet sind, von einem bestimmten Bild des menschlichen Fortkommens auf theoretischem Gebiet. (Damit habe ich mich in *Vernunft, Wahrheit und Geschichte* auseinandergesetzt, beziehungsweise damit, daß unsere Erkenntnisideale nur sinnvoll sind, wenn man sie als Teil unserer Vorstellung vom menschlichen Gedeihen betrachtet.)

Diese Idee des Vorrangs der praktischen Vernunft erstreckt sich für Kant auf die Philosophie selbst. Kant ist der Ansicht, daß wir kein moralisches Weltbild entwerfen können, indem wir zu beweisen suchen, daß es a priori wahre Werturteile gibt. Die berühmte Kantische Strategie geht genau umgekehrt vor (auch wenn heute Philosophen wie Bernard Williams dies oft vergessen, wenn sie Kant kritisieren). Die Strategie besteht darin, zu sagen: Als ein Wesen, das jeden Tag Werturteile bildet, bin ich *selbstverständlich* der Vorstellung verpflichtet, daß es wahre Werturteile gibt; *was muß der Fall sein, damit es wahre Werturteile geben kann?* In welcher Welt kann es wahre Werturteile geben?

Kants Strategie, so definiert, findet man auch in den Schriften John Deweys, obschon ohne den Apriorismus.[15] Ich glaube, daß diese Idee des Vorrangs der praktischen Vernunft (wenn auch nicht der »reinen« praktischen Vernunft) aus folgendem

Grund *heute* unendlich wichtig ist: Zur Zeit des Wiener Kreises schien es sehr einfach, ein Antimetaphysiker zu sein. Man mußte nur das Wissen auf die Voraussage und Kontrolle von beobachtbaren Größen einschränken. Und jeder wußte, was eine »beobachtbare Größe« war. Man war entweder ein »Metaphysiker« oder ein »Empirist«. Das Problem ist, daß sich schnell offenbarte (als ich mit dem Fach anfing, ging mir das so), daß Mach und seine Anhänger im Wiener Kreis lediglich eine Metaphysik durch eine andere ersetzt hatten. Sie sahen richtig, daß darüber zu streiten, ob Elektronen »wirklich existieren«, hieße, über eine Pseudofrage zu diskutieren; in der Folge sagten sie, daß die Behauptung, Elektronen existierten, nur *bedeute*, daß beobachtbare Größen sich so und so verhalten, ohne allerdings zu merken, daß sie, um die Pseudothese des transzendentalen Realismus zu widerlegen, tatsächlich nur die Pseudothese des Phänomenalismus bestätigt hatten. Die Behauptung, Elektronen flössen durch einen Draht, sei eine Aussage über beobachtbare Größen, ist ebenso metaphysisch (vielleicht in der Art Berkleys metaphysisch), wie zu sagen, Elektronen seien Dinge an sich. Diese Erkenntnis, daß der Positivismus selbst eine Metaphysik war – und in der Tat eine unglaubliche (warum sollte ich schließlich daran glauben, daß die Welt nur aus beobachtbaren Größen bestehe?) –, hat wie auch immer zu einer Fülle von metaphysischen Theorien geführt, einschließlich der metaphysischen Theorien von Princeton, New Jersey, nach denen andere mögliche Welten genauso wirklich sind wie unsere gegenwärtige. Fragen, die nicht einmal im Mittelalter ernst genommen wurden, wie zum Beispiel »Existieren Zahlen wirklich?«, sind heute das Thema von Büchern und Artikeln. In den letzten fünf Jahren erschienen mindestens zwei Bücher von guten mathematischen Philosophen über diese Fragen. Es ist schwer vorstellbar, wie diese Art Philosophie irgendeiner Kontrolle unterworfen werden kann, oder was diese Fragen überhaupt bedeuten. Es ist ein lächerliches Schauspiel, wenn erwachsene Männer und Frauen darüber diskutieren, ob die Zahl drei »wirklich existiert«. In einem ähnlichen Kontext hat John Dewey einmal vorgeschlagen, daß die Hauptaufgabe der Philosophie nicht diese Art Metaphysik sein solle, das heißt zu versuchen, »eine Theorie über alles« zu konstruieren, sondern eher Kulturkritik. Kants Philosophie war trotz ihrer metaphysischen Ausschreitungen als Kulturkritik gemeint, als Skizze oder Plan für eine aufgeklärte Gesellschaft, die in Richtung eines Zustands fortschreitet, in welchem soziale Gerechtigkeit gemessen an der Formel, daß Belohnung sich proportional zur Tugend verhielte, herrschte.[16] Es mag seltsam erscheinen, wenn man dafür eintritt, daß Wittgensteins Philosophie ebenfalls eine moralische Absicht habe, insbesondere deshalb, weil sie oft als eine Art uninteressierter Therapie entstanden aus Abscheu vor theoretischer Philosophie angesehen wird. Ich möchte aber abschließend dafür eintreten, daß Wittgensteins Philosophie eine moralische Absicht hat und daß sie dasselbe Thema wie Kant, den Vorrang der praktischen Vernunft, behandelt, wenn auch auf eine andere und charakteristisch deflationäre Weise.

## Das ethische Ziel von Wittgensteins Spätphilosophie[17]

Um zu erklären, warum ich glaube, daß es in Wittgensteins Spätphilosophie (und übrigens nicht nur in der *Spät*philosophie[18]) einen versteckten »Vorrang der praktischen Vernunft« gibt, muß ich noch einige Worte darüber verlieren, wie ich diese Spätphilosophie interpretiere. Da ich mich kurz fassen muß, werde ich so vorgehen, daß ich meine eigene Interpretation einer möglichst entgegengesetzten gegenüberstelle: Das ist eine Lesart, wie sie von Michael Williams[19] und Paul Horwich[20] vorgeschlagen wird. Da Horwichs Sichtweise ausführlicher entwickelt ist, werde ich mich auf diese konzentrieren.

Nach Horwichs Ansicht muß man ein Sprachspiel als etwas verstehen, das aus Sätzen besteht, für die es (wenn wir unsere Aufmerksamkeit auf die assertorische Sprache richten) bestimmte »Behauptbarkeitsbedingungen« gibt. Diese Bedingungen legen fest, daß unter bestimmten beobachtbaren Bedingungen ein Satz als wahr oder zumindest als »bestätigt« gilt. (Sie sind der Grund dafür, daß wir unter bestimmten beobachtbaren Bedingungen etwa bestimmte Geräusche äußern oder bestimmte Zeichen schreiben oder auch bestimmte beobachtbare Ereignisse oder Reaktionen von anderen erwarten dürfen.) Dieses Modell ist offensichtlich dem eines Sprechers-Hörers in einer natürlichen Sprache von Carnap und Reichenbach sehr verwandt.[21] Der Schlüsselgedanke ist (wie im Positivismus) der, daß man eine Aussage versteht, wenn man weiß, unter welchen Bedingungen sie bestätigt ist. »Wahrheit« ist keine Eigenschaft, sondern muß »disquotional« verstanden werden: Zu sagen, eine Aussage sei wahr, heißt einfach, daß man eine äquivalente Aussage macht. Genauer gesagt, die Tarskischen Bikonditionale teilen uns alles mit, was wir über den Begriff der Wahrheit wissen müssen. Man beachte, daß diese Darlegung von der Rortyschen nur insofern abweicht, als daß die »Kriterien«, die unseren Gebrauch von Worten regeln, (in manchen Fällen) Grade der Behauptbarkeit versehen, die unter dem der Gewißheit liegen. Dennoch sollten Sprecher, die ihre Sprache in gleicher Weise verstehen und zur gleichen Evidenz Zugang haben, alle über den Grad der Behauptbarkeit in ihren Sätzen übereinstimmen, und zwar in diesem wie in Rortys Modell.

Die Annahme, die diesem Bild unterliegt, ist die, daß der Gebrauch von Wörtern in Begriffen beschrieben werden kann, die das bezeichnen, was die Sprecher in beobachtbaren Situationen sagen und tun dürfen. »Gebrauch« ist ein theoretischer Begriff, und es gibt eine Standardmethode, den Gebrauch von Äußerungen in einem beliebigen Sprachspiel zu beschreiben. Ich möchte dies die *positivistische Interpretation Wittgensteins* nennen.

Eine ganz andere Interpretation (von Peter Winch in seinem Buch *The Idea of a Social Science* vorgeschlagen, oder beinahe vorgeschlagen[22]) ist die folgende: Der Gebrauch von Wörtern in einem Sprachspiel kann nicht ohne die Zuhilfenahme von Begriffen beschrieben werden, die sich auf die Begriffe beziehen, die *innerhalb* des Sprachspiels verwendet werden. Winch hat den Fall der Sprachspiele »primitiver« Völker untersucht; aber ich glaube, dasselbe kann man auf wissenschaftliche Sprachspiele anwenden. Nehmen wir das Sprachspiel eines guten Elektrikers. Er lernt, Sätze zu gebrauchen, wie sie die alten Positivisten lieben: »Strom fließt durch den Draht.« In der positivistischen Interpretation Wittgensteins muß Wittgenstein (mit Bridgeman und dem frühen Carnap) der Ansicht sein, daß der Elektriker diesen Satz versteht, weil er weiß, daß er behauptbar ist, wenn die Nadel des Voltmeters ausschlägt, und er erkennt etwas als einen Voltmeter, weil er weiß, wie er aussieht (und weil vielleicht *Voltmeter* darauf steht).

Wir haben in unserer Auseinandersetzung mit Rorty bereits gesehen, was an diesem Bild nicht stimmt. Ein guter Elektriker verläßt sich zwar in diesem Sinne auf »Kriterien«; aber wenn etwas schiefgeht (und jeder, der schon einmal seine Geräte oder sein Auto repariert hat, weiß, wie viel schiefgehen kann, wenn man sich mit der wirklichen Welt auseinandersetzt!), dann kann er den Kriterien auch mißtrauen, und das Wissen, wann man den Kriterien mißtrauen soll, kann man nicht durch Regeln erlernen. Wir können vielmehr an dieser Stelle das anführen, was Wittgenstein in der Passage, die ich weiter oben zitiert habe, ausdrückte, wo es darum geht herauszufinden, ob eine Person ein Gefühl vortäuscht, das sie nicht hat: »Kann man dieses Wissen lernen? Ja, mancher kann es lernen. Aber nicht durch einen Lehrkurs, sondern durch ›*Erfahrung*‹. –

Kann ein Andrer dabei sein Lehrer sein? Gewiß. Er gibt ihm von Zeit zu Zeit den richtigen *Wink*. – So schaut hier das ›Lernen‹ und das ›Lehren‹ aus. – Was man erlernt, ist keine Technik; man lernt richtige Urteile. Es gibt auch Regeln, aber sie bilden kein System, und nur der Erfahrene kann sie richtig anwenden. Unähnlich den Rechenregeln.«

Ich möchte auf diesen Fall eine Bemerkung beziehen, die Habermas in seiner *Theorie des kommunikativen Handelns*[23] an mehreren Stellen macht: Jemand, der nicht den »Punkt« eines Sprachspiels sieht, und dem es nicht gelingt, sich durch Einbildung in die Position eines engagierten Spielers zu versetzen, kann nicht beurteilen, ob die »Kriterien« hier *vernünftig* oder unvernünftig angewandt sind. Jemand, der das Spiel mit den Worten beschriebe, daß die Spieler (die Elektriker) bestimmte Geräusche in bestimmten beobachtbaren Situationen machen, würde sich in dem, was vor sich geht, nicht auskennen.

Betrachten wir andererseits folgende Beschreibung des Gebrauchs von »Elektrizität fließt durch den Draht«: »Man benützt ein Voltmeter et cetera, um zu sehen, ob Elektrizität durch den Draht fließt. Ein Voltmeter ist in der und der Weise aufgebaut [...] (man stelle sich an dieser Stelle eine Beschreibung vor, wie ein Voltmeter ›arbeitet‹, aber *nicht* in der Beobachtungssprache). Bei der Benutzung eines Voltmeters ist wichtig, sich zu versichern, daß keine elektromagnetischen Felder vorhanden sind, die die Genauigkeit der Messung beeinträchtigen könnten«.

Den »Gebrauch« von »Strom fließt durch den Draht« zu verstehen, heißt, Dinge wie *diese* zu kennen. Natürlich ist viel mehr vorausgesetzt; letztlich eine Sozialisation in einer technischen Gesellschaft mit allem, was dazu gehört. *Ein Sprachspiel verstehen heißt eine Lebensform teilen.* Und Lebensformen können nicht in einer festlegten positivistischen Metasprache beschrieben werden, egal ob sie wissenschaftlicher oder religiöser Natur sind oder von einer Art, die wir heute in westlichen industriellen Gesellschaften nicht vorfinden.

In dieser Lesart Wittgensteins ist die berühmte Bemerkung[24], man könne für eine große Klasse von Fällen sagen, daß die Bedeutung eines Wortes sein Gebrauch in der Sprache ist, keine *Theorie* der Bedeutung (obgleich sie einen Gesichtspunkt ausdrückt, von dem aus man in Frage stellen kann, ob man weiß, was es heißt, nach einer »Theorie der Bedeutung« zu fragen, und zwar in jedem beliebigen Sinne, in welchem eine »Theorie der Bedeutung« metaphysisch aufschlußreich sein könnte).

Zwei Punkte noch und ich bin bereit, zum »Vorrang der Praxis« zurückzukehren. (1) Zu wissen, unter welchen Bedingungen eine Aussage (kein »Satz«) behauptbar ist, heißt, zu wissen, unter welchen Bedingungen er wahr oder annähernd wahr ist. Die Vorstellung, daß Behauptbarkeitsbedingungen Bedingungen dafür sind, *Geräusche* zu machen, ist eine völlige Verzerrung davon, was Wittgenstein meint. Behauptbarkeit und »Wahrheit« sind intern miteinander verknüpfte Begriffe: Man versteht beide, wenn man sich innerhalb eines Sprachspiels befindet, seinen »Punkt«[25] sieht und Behauptbarkeit und Wahrheit *beurteilt*. (2) Michael Williams hat versucht, die Kritik, daß diese Art des »Wittgensteinianismus« auf naive Art positivistisch sei, durch den Verweis darauf abzuwehren, daß er die Tatsachen-Werte-Dichotomie ablehne (wie auch ich das tue), und dies wiederum gestatte ihm hinzuzufügen, daß *Behauptbarkeitsbedingungen selbst reformiert werden können*. Doch dieser Zusatz nimmt die Vorstellung, ein Sprachspiel zu »reformieren«, in den Dienst, als ob dem Theoretiker *eine* feste Vorstellung zur Verfügung stehe. Um zu wissen, was als eine Reform im Sprachspiel des Elektrikers gelten kann, muß man wissen, worum es ihm in seinem Spiel geht: Man muß herausfinden, wie sich Stromkreisläufe verhalten, und wie man sie reparieren kann, wenn sie repariert werden müssen, oder wie man sie installiert, oder wie man sie entwirft. Wenn man sich das Sprachspiel als ein Spiel vorstellt, in dem man Geräusche in bestimmten beobachtbaren Situationen macht, in der Hoffnung, diese Geräusche führten dazu, daß das Licht angeht, dann ist die einzige Vorstellung, die Regeln zu »reformieren«, die man sich noch machen kann, eine nahezu positivistische: Tatsächlich landen wir wieder bei: »Das Ziel der Wissenschaft ist Voraussage und Kontrolle«. Obwohl das im Falle der angewandten Elekrizität plausibel erscheinen mag, führt es zu keinerlei Verständnis des Großteils der menschlichen Sprache. (Im allgemeinen kann man, wie ich in *Vernunft, Wahrheit und Geschichte* angemerkt habe, die Ziele eines Sprachspiels nicht feststellen, ohne die Sprache dieses oder eines verwandten Spiels zu verwenden).

Trifft dies sogar auf die wissenschaftliche Sprache zu, so werden diese Gedanken für das Verständnis Wittgensteins besonders wichtig, wenn wir uns seinen verschiedenen Erörterungen zu anderen als wissenschaftlichen Sprachformen zuwenden; seinen Überlegungen zur religiösen Sprache, zu »primitiven« Sprachspielen und abweichenden »Lebensformen« in *Über Gewißheit*. In den »Vorlesungen über den religiösen Glauben«[26] macht Wittgenstein klar, daß er, der außerhalb der religiösen Sprache steht (oder zumindest so tut), nicht sagen kann, ob die religiöse Sprache kognitiv oder nicht kognitiv ist; alles, was er aus der »Außenseiterperspektive« sagen kann, ist, daß der religiöse Mensch »ein Bild benutzt«. Aber er fügt hinzu, daß er, indem er dies sagt, nicht *nur* sagt, daß der religiöse Mensch »ein Bild benutzt« oder »eine Einstellung zum Ausdruck bringt«.[27] Ich glaube, Wittgenstein sagt hier, daß (1) die Möglichkeiten des »externen« Verstehens einer tiefgreifend anderen Lebensform extrem beschränkt sind; und daß (2) religiöse Behauptungen nicht einfach schlecht formulierte »empirische« Behauptungen sind. Dennoch werden sie von Wittgenstein nicht wie metaphysische Behauptungen von vornherein abgelehnt. Was geht hier also vor?

Genau an dieser Stelle in Wittgensteins Werk entdecke ich eine moralische und eine philosophische Absicht. Oberflächlich betrachtet drängt Wittgenstein zu einer Art emphatischen Verständnisses (was er in seinen »Bemerkungen über Frazers *Golden Bough*«[28] ausdrücklich tut). Er denkt, daß weltliche Europäer alle anderen Lebensformen als »vorwissenschaftlich« oder »unwissenschaftlich« ansehen und daß dies eine verbreitete Weigerung ist, Unterschiede wahrzunehmen. Der Grund, warum ich glaube, daß dieses Anliegen Wittgensteins das Innerste seiner Philosophie betrifft, ist folgender: Für mich sind die Bemerkungen gegen Ende von *Über Gewißheit* über unser Verhältnis zu anderen Lebensformen, genauso wie die »Vorlesungen über den religiösen Glauben« und die eben erwähnten »Bemerkungen über Frazers *Golden Bough*« eine Darlegung, daß der Sprachphilosoph uns nicht *als* Philosoph sagen kann, ob die vermeintlichen »Aussagen«, die in einer von der wissenschaftlichen völlig verschiedenen Lebensform gemacht werden, Aussagen *sind* oder nicht; ich kann sagen: »Ich würde mich nie so ausdrücken«, ich kann mir aber auch eine Lebensform aneignen. Dies kann jedoch die Philosophie nicht für mich entscheiden. (Nach dieser Interpretation stellt Wittgensteins Zurückweisung der Metaphysik eine *moralische* Zurückweisung dar: Metaphysische Bilder sind in Wittgensteins Augen schlecht für uns.) Die Frage, mit der wir immer wieder konfrontiert werden, lautet, ob eine Lebensform praktischen oder geistigen Wert hat. Aber der Wert einer Lebensform ist im allgemeinen nicht etwas, was man in den Sprachspielen derjenigen ausdrücken kann, die unfähig sind, deren wertende Interessen zu teilen.

Das hört sich nach Pragmatismus an. Es ist aber nicht der mythische Pragmatismus (den die wirklichen Pragmatisten alle verachteten), der meint: »Etwas ist wahr (für mich), wenn es gut für mich ist.« Es steht der Haltung, die Dewey im folgenden ausdrückte, näher:

»Die Hauptaufgabe [der Philosophie] besteht darin, die Werte, die den natürlich entstandenen Funktionen der Erfahrung innewohnen, zu klären, zu befreien und zu erweitern. Sie hat keinerlei Berufung, eine Welt der ›Realität‹ zu erschaffen, noch in die Geheimnisse des Seins einzudringen, die dem gesunden Menschenverstand und der Wissenschaft verborgen sind. Sie hat keinen Informations- oder Wissensbestand, der ausschließlich ihr eigen wäre; die Philosophie wirkt nur deshalb nicht immer lächerlich, wenn sie sich als Rivalin der Wissenschaft aufspielt, weil ein einzelner Philosoph als Mensch oft auch ein Prophet der Wissenschaft ist. Ihr Geschäft besteht darin, das beste verfügbare Wissen ihrer Zeit und ihres Ortes aufzugreifen und zweckmäßig zu verwenden. Und der Zweck ist die Kritik von Überzeugungen, Institutionen, Bräuchen, Politik in Bezug auf ihr Verhältnis zum Guten. Dies heißt nicht: ihr Verhältnis zu *dem* Guten, als etwas, das selbst innerhalb der Philosophie formuliert oder erreicht wäre. Denn die Philosophie hat keinen Privatbestand von Wissen oder Methoden, die Wahrheit zu erlangen und deshalb auch keinen privaten Zugang zum Guten. Wenn sie von Wissenschaftlern und Forschern das Wissen von Tatsachen und Prinzipien akzeptiert, akzeptiert sie die Werte, die in der menschlichen Erfahrung verstreut liegen. Sie ist mit keinem mosaischen oder paulinischen Auftrag der Offenbarung betraut. Aber sie hat die Macht der Intelligenz, der Kritik dieser gewöhnlichen und natürlichen Werte«.[29]

In der dritten Vorlesung werde ich mehr über Dewey sagen und über die Art, in der diese Philosophiekonzeption durch ihn ausgearbeitet ist. Heute habe ich versucht zu zeigen, daß Wittgenstein, auch wenn er kein »Pragmatist« oder »Neukantianer« im strikten Sinne war, doch ein bestimmtes Kantisches Erbe (welches William James ebenfalls äußerst ungern anerkennen wollte) und auch eine zentrale – vielleicht *die* zentrale – Schwerpunktsetzung mit dem Pragmatismus teilt: die Betonung des Vorrangs der Praxis.

# III

## DER PRAGMATISMUS UND DIE GEGENWÄRTIGE DEBATTE

Wie wir gesehen haben, ist die holistische gegenseitige Abhängigkeit von Tatsachen, Werten und Theorie ein Zentralthema im Werk William James'. Ich habe dafür in diesen Vorlesungen einige Male den Begriff der »gegenseitigen Durchdringung« benutzt, um zu betonen, daß das Verhältnis, von dem ich spreche, *keine* gegenseitige Abhängigkeit von Elementen ist, in der diese immer voneinander geschieden werden könnten, nicht einmal begrifflich. Wenn ich sage »Es ist falsch, Kinder zu schlagen«, habe ich wohl nach allgemeinem Brauch ein »Werturteil« abgegeben, während ich mit der Aussage »Mein Schirm ist im Schrank« eine Tatsache feststelle; doch was ist, wenn ich sage »Caligula war ein grausamer Herrscher«? Damit habe ich ein Werturteil gefällt und eine historische Tatsache festgestellt.[1] Oder wiederum, wenn ich sage »In den vierziger Jahren spielte Walter Gieseking ohne Begleitung Klaviermusik von Bach und Mozart mit einem wunderbaren Gespür für alle Feinheiten und ohne eine Spur unpassender Bravour«, so habe ich Giesekings Spiel beschrieben und, wie gesagt, meine Wertschätzung[2] ausgedrückt.

Wissenschaftsphilosophen unterscheiden manchmal zwischen »Beobachtungen« und »induktiven Generalisierungen«,[3] während andere[4] für einen dreifachen Gegensatz von Beobachtungen, induktiven Generalisierungen und »Abduktionen«, das sind erklärende Theorien, die über bloße induktive Generalisierungen hinausgehen, eintreten. Die frühere Dichotomie zwischen Beobachtungsdaten und induktiven Generalisierungen kann keine absolute sein, weil Aussagen über Daten immer einen Hintergrund von »Gesetzen« voraussetzen, damit man sie verstehen kann. Sogar Phänomenalisten wiesen darauf hin: Ich erinnere daran, wie C. I. Lewis 1948 in Harvard in seinen Vorlesungen über eine Theorie des Wissens sagte, daß ich dann, wenn ich sage »Ich sehe einen Stuhl«, solche Generalisierungen vornehmen muß wie »Wenn ich meine Augen nach rechts bewege, wird das visuelle Bild nach links verschoben«. Die Rede von »visuellen Bildern« einmal außer Acht gelassen, bin ich sicher solchen »Gesetzen« unterworfen wie »Wenn ich einen Stuhl hochhebe und die anderen Dinge unverändert bleiben,[5] wird jener nicht ohne Gewicht sein«, »Wenn ich mich auf einen Stuhl setze und die anderen Dinge unverändert bleiben, werde ich gestützt«, ebenso einer Reihe von Annahmen, die so zentral sind, daß es normalerweise ein bedeutungsloser Sprechakt wäre, sie auch nur aufzuzählen, zum Beispiel »Es wird sich nicht in ein Nilpferd verwandeln, wenn ich es anlächle« (Wie Wittgenstein in *Über Gewißheit* sagt, sind solche Annahmen wie Scharniere, in denen sich die Tür dreht; der Rest des Sprachspiels funktionierte ohne sie nicht – es sei denn, wir fänden etwas, das diese einzelnen »Scharniere« ersetzen könnte. Doch dann spielten die neuen »Scharnierpropositionen« dieselbe Rolle.) Spricht man von »gegenseitiger Abhängigkeit«, so drückt man die Tatsache aus, daß die Aussage »Ich sehe einen Stuhl« zu ihrer *Rechtfertigung* auf eine Reihe von »Gesetzen« angewiesen ist, aber man betont nicht, daß der bloße *Inhalt* der Aussage nicht von diesen Gesetzen scharf unterschieden werden kann.[6] Das genau nenne ich *gegenseitige Durchdringung*.

Der Peircesche Gegensatz zwischen Daten und abduktiven »Hypothesen« ist nicht absolut (wie Peirce selbst wohl wußte), weil abduktive Theorien in den theoretischen Wissenschaften die Rolle von »Scharnierpropositionen« spielen können.

Ein amüsantes und auch lehrreiches Beispiel für die traurigen Konsequenzen, die sich durch die Vernachlässigung dieser gegenseitigen Durchdringung von Tatsachen und Theorie ergeben, findet sich zu Beginn von Ian Hackings *Representing and Intervening*.[7] Hacking erklärt, daß wir in Bezug auf Theorien (die nach seiner Meinung nur Berechnungsmittel sind) Nichtrealisten sein sollten und in Bezug auf Dinge, die wir entweder im wörtlichen Sinne oder mit Hilfe von Instrumenten

»manipulieren« können, Realisten. Und an einer bekannten Stelle nimmt er Positronen in die Klasse der Dinge auf, die wir manipulieren können.

Hacking beschreibt ein Experiment, in welchem die anfängliche Spannung auf einer extrem gekühlten Niobiumkugel allmählich verändert wird: »Wie ändert man die Spannung auf der Niobiumkugel? ›Nun, in diesem Stadium‹, sagte mein Freund, ›beschießen wir sie mit Positronen, um die Spannung zu erhöhen oder mit Elektronen, um die Spannung zu vermindern.‹ Von diesem Tag an war ich ein wissenschaftlicher Realist. *Was mich betrifft, so sage ich, wenn man sie beschießen kann, so sind sie wirklich.*«[8]

Was heißt es aber, zu glauben, »sie« seien »wirklich«? Wenn es bedeutet, daß es *bestimmte Dinge* gibt, die »Positronen« heißen, dann geraten wir mit der Theorie in Teufels Küche. Denn die Theorie – die Quantenfeldtheorie – sagt uns, daß Positronen im allgemeinen keine bestimmte *Anzahl* haben. In der Experimentiervorrichtung, die Hacking beschreibt, ist es vielleicht eine bestimmte Anzahl, aber es wäre durchaus möglich, ein Experiment durchzuführen, in dem man die Niobiumkugel nicht mit drei oder vier Positronen »beschösse«, sondern mit einer *Überlagerung von drei und vier Positronen.* Bereits die elementare Quantenmechanik zeigt, daß wir uns Positrone nicht so vorstellen dürften, als ob sie *Trajektorien* hätten oder im allgemeinen *wiederidentifizierbar* seien.

Wenn man »ein wissenschaftlicher Realist« in Bezug auf Positronen, jedoch in Bezug auf das »Theoretische« ein Nichtrealist ist (was Hacking ja vorschlägt) und dies nicht heißen soll, daß man glaubt, Positronen seien bestimmte *Dinge*, welchen Inhalt hat dann an dieser Stelle die Bemerkung, ein Realist zu sein? Wenn das andererseits heißt zu glauben, daß sie Dinge seien in dem Sinne, daß sie kontinuierliche Identitäten, eine Position im Raum und in der Zeit, eine Anzahl et cetera haben – und Wittgenstein verweist uns darauf,[9] daß unser Paradigma dessen, was »wirklich« ist, das ist, worauf wir *zeigen* können, und das, worauf wir zeigen können, besitzt mit Sicherheit eine kontinuierliche Identität, eine Position und kann gezählt werden et cetera –, dann bedeutet, ein »wissenschaftlicher Realist« in Bezug auf Positronen zu sein, daß man glaubt, die Quantenfeldtheorie sei tatsächlich *falsch* und nicht, daß man sie nur auf »nichtrealistische« Weise interpretiere (was immer *das* heißen mag). Doch damit verlieren wir jedes Vermögen, die charakteristischen Quantenphänomene von Interferenz, Nichtlokalität et cetera zu verstehen.

Dies ist wohl nicht in Hackings Sinne. Ich nehme an, er möchte sagen, daß *hier*, in *diesem* Experiment, Positronen »wirklich« sind, *ohne zu sagen, was das bedeutet*. In Hackings Sprache ist »wirklich« nur ein beruhigendes *Geräusch*, bar aller seiner begrifflichen Verbindungen zur Wiederidentifizierbarkeit, Zählbarkeit, Lokalisierbarkeit et cetera. Sogar Bohr würde nicht leugnen, daß ein realistisches *Bild* von Positronen als selbständigen Kügelchen, die man beschießen kann, für *einige* Experimente angemessen ist (davon handelt die Komplementarität); doch weil wir verschiedene Bilder in verschiedenen Experimenten verwenden müssen, können wir nicht *einfach* sagen »Positronen sind wirklich«, als ob das eine sich selbst interpretierende Aussage wäre.

Damit will ich natürlich nicht sagen, Positronen seien nicht wirklich. Wenn man aber glaubt, sie seien wirklich, hat dies einen begrifflichen Inhalt allein, weil wir ein begriffliches Schema haben, ein sehr merkwürdiges, eines, das wir nicht ganz »verstehen«, aber dennoch ein erfolgreiches, das uns ermöglicht zu wissen, was wir wann über Positronen sagen können, wann wir sie als Gegenstände, die man beschießen kann, schildern können und wann nicht. Hackings Versuch, eine scharfe Linie zwischen Tatsachen und Theorie zu ziehen und zu fordern, man solle ein Realist in Bezug auf die Tatsachen und ein Nichtrealist in Bezug auf die Theorie sein, scheitert genau an der gegenseitigen Durchdringung von Tatsachen und Theorie. James hätte dies vielleicht so ausgedrückt, daß das Wort »Positron« keine *Kopie* der Realität ist, sondern eine »Bezeichnung«, und die *Theorie* wiederum unterweist uns im Gebrauch der Bezeichnung. Auch hier sind Theorie und Tatsache (Positronen wurden beschossen) nicht einmal begrifflich voneinander zu trennen.

Wenn ich in der ersten Vorlesung von »Interpretation« sprach, hatte ich die Interpretation von sprachlichen Äußerungen im Sinn. Daß »Tatsachen« (im Sinne von Beobachtungsdaten) und »Interpretation« (in diesem Sinne) sich gegenseitig durchdringen, sollte klar sein, obgleich dies (ausgerechnet!) von Quine bestritten wurde. Um zu wissen, daß eine Voraussage verifiziert oder nicht verifiziert wurde, muß ich zuallererst fähig sein, die Voraussage zu *verstehen*, das heißt, den entsprechenden sprachlichen Ausdruck zu interpretieren. Jede Rede von »Bestätigung« in einer öffentlichen Tätigkeit wie der Wissenschaft (die zudem in vielen verschiedenen Sprachen und Dialekten geführt wird) setzt Interpretation voraus.

Quine verwirft dieses Argument, weil Beobachtungsaussagen angeblich »intersubjektive Reizbedeutung« besitzen, und diese »Reizbedeutung« (die nach Quine ohne hermeneutische Probleme behavioristisch bestimmt werden kann) reiche aus, die Bedeutung der Beobachtungsaussagen für wissenschaftliche Zwecke zu bestimmen.[10] So ist nach Quine die Tatsache irrelevant, daß wir, ohne »analytische Hypothesen« (das heißt eine Interpretation) zu benutzen, nicht sagen können, ob das Wort *gavagai* in einer hypothetischen »Urwaldsprache« *Kaninchen* oder *nicht abgetrennte Kaninchenteile* bedeutet, weil beide als Beobachtungsbericht äquivalent sind.

Das Falsche an dieser Behauptung ist, daß Sätze, die von denselben Reizen »eingegeben« werden, nicht den gleichen Wahrheitswert haben müssen. Sollten wir, wenn unser Stamm angesichts einer alten häßlichen Frau mit einer Warze auf der

Nase *bosorkanyok* sagt, das als »alte häßliche Frau mit einer Warze auf der Nase« oder als »Hexe« übersetzen?[11] Haben Sie, wenn Sie eine »bosorkanyok« erwarten und eine (ihrer Vorstellung entsprechende) erscheint, eine wahre Voraussage oder eine falsche Beschuldigung der Hexerei getroffen? Die Antwort erfordert eine Interpretation der Äußerung und nicht nur das Wissen ihrer »Reizbedeutung«.

Ein völlig anderer, doch letztlich gleichfalls gescheiterter Gegensatz zwischen Tatsachen und Interpretation wurde von Gadamer vertreten. Aussagen darüber, was Worte bedeuten (zum Beispiel bedeutet *parlez-vous Français?* »Sprechen Sie Französisch?«), sind als *Tatsachen* einzuordnen, während Interpretationen von etwa religiösen Traditionen und Texten innerhalb dieser Traditionen der »Hermeneutik« angehören. Nach Gadamer zerfällt der Satz »Liebe deinen Nächsten wie dich selbst« in zwei Teile: in die Bedeutung des Satzes (die Tatsache) und die *Interpretation* dieser Bedeutung (Interpretation oder Hermeneutik). Während Quines Ziel darin besteht, *wissenschaftliche* Tatsachen (Beobachtungsdaten) von jeder Verbindung mit der Zuschreibung linguistischer Bedeutung, und sei sie noch so gering, abzusetzen, so ist Gadamers Absicht, Zuschreibungen linguistischer Bedeutung von »Interpretation« in einem höheren Sinne zu trennen. Gadamer schreibt: Eine Sprache verstehen sei selbst noch gar kein wirkliches Verstehen und schließe *keinen* Interpretationsvorgang ein, sondern sei ein Lebensvollzug.[12]

Was Gadamers Position Plausibilität verleiht, ist, daß es in den Sprachen, die ihn am stärksten interessieren – zum Beispiel diejenigen, in denen die Bibel und die meisten Bibelkommentare geschrieben wurden – schon lange etablierte Übersetzungen der Worte und der meisten Sätze gibt. Dies erlaubt, Wahrheiten über die Bedeutungen (Übersetzungen) dieser Worte und Sätze »Tatsachen« zu nennen, und sie *sind* in der Tat Tatsachen, weil sie als solche fungieren. Doch der Fall einer radikalen Übersetzung ist völlig anders. Um zu wissen, ob *bosorkanyok* »Hexe« bedeutet, muß ich eine ganze Kultur verstehen; und während dies für jemanden, der in dieser Kultur aufwuchs, ein einfacher Lebensvollzug ist, ist es für einen Außenstehenden mit Sicherheit ein Interpretationsvorgang*. So wie Quine, aber auf einem anderen Gebiet, erkennt Gadamer nicht, daß das, was er als »Tatsache« ansieht, begrifflich damit verbunden ist, was er als »Interpretation« auffaßt – in der Tat ist in unserem Fall der Inhalt der »Tatsache« (falls sie eine ist), daß *bosorkanyok* »Hexe« bedeutet, durch die Erklärung dessen gegeben, was wir in dieser Kultur »Hexerei« nennen. Die Interpretation ist nicht einmal begrifflich von der Tatsache zu trennen.

In der zweiten Vorlesung haben wir gesehen, daß es auch im Denken des späten Wittgenstein ein holistisches Element gibt. Wie man weiß, gehört für Wittgenstein eine Sprache zu einer »Lebensform« (in den *Vorlesungen über die Ästhetik* spricht er darüber, wieviel erforderlich wäre, um afrikanische Kunst genauso wie ein Eingeborener schätzen zu können, und wie verschieden eine solche Wertschätzung – zum Beispiel die *Fähigkeit, wichtige Merkmale aufzuzeigen* – vom Verständnis derselben Kunst sogar eines sachkundigen Kenners sei.) Doch eine Lebensform ist nicht in ein Paket von Überzeugungen über »Tatsachen« und »Werte« zerlegbar.[13] (Ich habe bereits zur Veranschaulichung der gegenseitigen Abhängigkeit von Tatsachen und Theorie auf *Über Gewißheit* hingewiesen.)

Vor vielen Jahren sprach Morton White in Verbindung mit dem Pragmatismus von einer »Revolte gegen den Formalismus«.[14] Diese Revolte gegen den Formalismus ist keine Leugnung der Nützlichkeit formaler Modelle in bestimmten Zusammenhängen; doch sie manifestiert sich in einer anhaltenden Kritik der Idee, daß formale Modelle – insbesondere Systeme symbolischer Logik, Regelbücher induktiver Logik, Formalisierungen wissenschaftlicher Theorien et cetera –

einen Zustand beschreiben, den das rationale Denken anstreben könnte oder sollte. Wie Sie wissen, begann Wittgenstein seine Karriere auf der Seite der Formalisten und verbrachte den Rest seines Lebens als Antiformalist. Tatsächlich finden sich in *Über Gewißheit* explizit anschauliche und bewegliche Bilder (»Im Lauf der Zeit mögen Fluß und Ufer ihre Plätze tauschen«). Wir haben auch gesehen, daß Rortys Gewohnheit, das menschliche Denken in Dichotomien des Sprechens innerhalb »kriteriengesteuerter Sprachspiele« und Sprechen »außerhalb« von Sprachspielen aufzuspalten, sowohl unpragmatistisch als auch unwittgensteinianisch ist, obwohl er sich als »Pragmatist« und Bewunderer des späten Wittgensteins ausgibt.

## Aber haben wir die Welt verloren?

Die Kennzeichen des Pragmatismus, die wir bisher behandelt haben, sind attraktiv; sie mögen aber auch bedrohlich wirken. Wie ich in der ersten Vorlesung ausgeführt habe, scheint der Holismus den Verlust der Welt anzudrohen. Wenn Tatsachen, Werte, Theorie und Interpretation sich auf die Weisen, die ich in diesen Vorlesungen ausgeführt habe, gegenseitig durchdringen, sind wir dann nicht einer »Kohärenztheorie der Wahrheit« verpflichtet?

Kohärenztheoretiker haben immer darauf hingewiesen, daß das, was sie zur Wahrheit fordern, nicht aus einer bloßen Kohärenz von *Sätzen* besteht, sondern aus der Kohärenz von *Überzeugungen* und daß wir nicht frei sind, alles zu *glauben*, was wir wollen. Überzeugung steht unter *kausalen* Zwängen. In »Eine Kohärenztheorie der Wahrheit und der Erkenntnis«[15] versuchte uns Donald Davidson davon zu überzeugen, daß eine Kohärenztheorie der Wahrheit gar nicht so schlecht sei, vorausgesetzt, wir behalten im Gedächtnis, daß eine der Interpretationsauflagen darin besteht, daß unsere Worte in der

Mehrzahl der Fälle als auf die Dinge bezogen interpretiert werden sollten, mit denen wir kausale (und insbesondere perzeptuelle) Wechselwirkungen hatten. Doch Davidsons Schlußfolgerung trifft aus zwei Gründen nicht zu. Der erste lautet: Wenn »die Ursache« als etwas nichtbegriffliches angenommen wird, als etwas, das einfach in die außersprachliche Welt »eingebaut« ist, haben wir eine ungeheuer unrealistische Vorstellung von Kausalität.[16] Man kann nicht, wie zum Beispiel Jerry Fodor, sagen, daß sich das Wort *Katze* deshalb auf Katzen bezieht, weil »Katzen Katzenerscheinungen hervorrufen«. Die Frage »Was ist *die Ursache* dafür, daß Jones das Wort Katze benutzt?« hat außerhalb eines Kontextes überhaupt keinen Sinn. *Innerhalb* eines Kontextes könnte die Antwort, abhängig von den Interessen des Fragenden, lauten: »Die Tatsache, daß das deutsche Wort *Katze* ist«, »Das Miau, das er gerade gehört hat« et cetera. Aus diesem Grund können wir uns auch nicht vorstellen, daß sich die Welt auf eine ganz bestimmte Weise in »Arten« aufteilt. Davidson umgeht diese Probleme, indem er davon spricht, wie die Interpretation unserer Wörter *aus der Perspektive eines allwissenden Interpreten* aussähe. Hier haben wir den zweiten Grund, weshalb seine Schlußfolgerung nicht gelingt: Der Bezug auf einen *Interpreten*, ob allwissend oder nicht, verfehlt die Tiefe des Problems.

Davidson tut so, als sei der übliche Skeptizismus das einzige Problem, ein Skeptizismus, der davon ausgeht, daß unsere Äußerungen wahr oder falsch *sind*, und besorgt darüber ist, daß wir nicht *wissen* können, was sie sind.[17] Doch die wirkliche Befürchtung ist die, daß *Sätze nicht wahr oder falsch in Bezug auf eine äußere Realität sein können, wenn es keine rechtfertigenden Verbindungen zwischen den Dingen, die wir in der Sprache ausdrücken, und beliebigen Aspekten dieser Realität gibt.* Wenn das die Besorgnis ist – und es ist die *tiefe* Besorgnis –, ist die Aussage »Wenn es einen allwissenden Interpreten *gäbe*, würden deine Äußerungen von diesem Interpreten interpretiert,

73

als ob sie Wahrheitsbedingungen hätten, die sich auf außersprachliche Dinge und Ereignisse bezögen« nicht hilfreich. Sie bietet keine Hilfe, weil wir nicht in der Lage sein werden, zu sehen, *wie es überhaupt Sprecher oder Interpreten geben kann und a fortiori allwissende* Interpreten, wenn unser einziges Sprachmodell das Modell eines Schemas ist, das in Hinblick auf Rechtfertigungsbeziehungen *geschlossen* ist, eines Schemas, in dem buchstäblich *nichts* aus der Sprache nach außen dringt (außer der Tatsache, daß es rohe kausale Kräfte gibt, die auf die Sprache einwirken, Kräfte, die keine »eingebaute« Beschreibung haben). Die Annahme, daß die Idee eines allwissenden Interpreten auch nur sinnvoll sei, birgt die ganze Frage.

John McDowell hat vorgeschlagen,[18] daß die Lösung darin besteht, Wahrnehmung als eine Übung unserer begrifflichen Fähigkeiten und nicht nur unserer Sinnesorgane aufzufassen, so daß (im Gegensatz zu den Aussagen Davidsons und vieler anderer) ein nichtsprachliches Ereignis, zum Beispiel den Laut einer Katze zu hören, ein sprachliches Ereignis *rechtfertigen* und nicht nur *verursachen* kann (»Mietzi möchte etwas zu fressen«). Dieser Vorschlag stieße sicher auf die Zustimmung William James'. Aber er läßt das Problem nur noch schwieriger anstatt einfacher erscheinen.

Ein Beispiel kann uns dabei helfen zu sehen, wie die Wahrnehmung eine Übung unserer begrifflichen Fähigkeiten sein kann. Angenommen, ich nehme einen elektrischen Widerstand wahr, der auf dem Tisch liegt. Ich weiß, was ein Widerstand ist und wie er aussieht. Ich meine nicht, daß ich die Worte »das ist ein Widerstand« denke (ich denke fast nie die Wörter »das ist ein Stuhl«, wenn ich einen Stuhl sehe), doch wäre ich in der Lage, die Frage »was ist dieses Ding?« zu beantworten. Wie unterscheidet sich also mein visuell Erfahrenes, von der visuellen Erfahrung, die ich hatte, als ich dasselbe Ding sah, aber nicht wußte, was es war?

Betrachten wir die auditive Erfahrung, die ich nunmehr

habe, wenn ich einen englischen Satz höre. Als ich im Alter von acht Jahren aus Frankreich in die Vereinigten Staaten zurückkehrte und kein Englisch sprach,[19] erschien mir schon ein einfacher englischer Satz – zum Beispiel »In ein paar Minuten werden wir essen« – wie ein *Geräusch*. Mittlerweise *sagt* mir dieser Satz etwas, ich kann ihn nicht als ein Geräusch hören.[20] Heute mache ich eine ähnliche Erfahrung: Wenn ich die Bedeutung eines italienischen Satzes lerne, die mir vorher nicht bekannt war, ändert sich die Weise, wie ich den Satz *höre*. Ich bin mir zwar sicher, daß der Klang sich nicht »geändert« hat, aber das, was ich höre, kann nicht richtig beschrieben werden als die Geräusche, die ich vorher hörte, *plus* einer Interpretation. Das, was ich sehe, wenn ich einen Widerstand sehe, ist auch nicht richtig als die visuelle Erfahrung beschrieben, die ich hätte, wenn der Widerstand lediglich ein »Ding« *plus* eine Interpretation wäre. Nach William James ist Wahrnehmung »Denken und Sinneseindruck ineinander *verschmolzen*«. Das Wissen, daß das, was ich sehe, ein Widerstand ist, und der »Eindruck« sind nicht zwei *Bestandteile* der Erfahrung. Erfahrung ist nicht zerlegbar, so wenig wie die Erfahrung, wenn man hört »Wir essen in ein paar Minuten«, in das Geräusch zerlegbar ist, das ich hörte, als ich noch nichts verstand, und das Wissen, daß das, was gesagt wurde, heißen soll, daß wir in ein paar Minuten essen werden.

John McDowells Ansicht geht über James' phänomenologische Beobachtung hinaus, indem er bemerkt, daß, sobald wir Hören und Sehen als *Informationsbeschaffung aus der Umwelt* ansehen – etwas, das man zu Recht als eine rationale Errungenschaft betrachtet –, es keinen Grund gibt, den Satz zu akzeptieren, eine Wahrnehmung könne nur einen verbalisierten Gedanken *hervorrufen* (und nicht *rechtfertigen*). Der Grund, weshalb ich etwas weiter oben gesagt habe, daß dies die Gefahr des Weltverlusts schlimmer aussehen ließe, ist folgender: Wenn die Wahrnehmung immer schon mit begrifflichem Inhalt gefüllt ist, braucht dieser Inhalt nicht immer günstig zu sein. Unsere Begriffe können unsere Wahrnehmungen genauso kontaminieren wie »informieren«; Wahrnehmung stellt Desinformation genauso wie Information zur Verfügung. Ich denke hierbei nicht an die relativ harmlose Möglichkeit (in der Philosophiegeschichte wurde sie nicht immer als harmlos angesehen!) der traditionellen Täuschung, zum Beispiel die Verwechslung einer Spiegelung mit einer Person oder eines Schattens mit einem Tier. Ich denke daran, daß man jemanden als *Hexe* sieht (wie während der Verfolgungen, die Europa und die amerikanischen Kolonien in der Spätrenaissance überschwemmten), oder daß man jemanden als Angehörigen einer »minderen Rasse« ansieht. Wenn wir Widerstände sehen können, können wir auch *Hexen* sehen (oder zu sehen glauben). Manchem wird es so vorkommen, als ob McDowell die Gefahr, die Welt zu verlieren, nicht abgewendet, sondern vielmehr auf die Wahrnehmung selbst ausgedehnt hat.

## Die pragmatistische Antwort auf den Skeptizismus

Ein Teil der pragmatistischen Antwort besteht in der Peirceschen Unterscheidung zwischen wirklichem und philosophischem Zweifel, die ich in der ersten Vorlesung erwähnt habe. Ich weiß, daß die Mißstände und Tragödien, die ich um mich herum sehe, nicht von Hexen verursacht sind; ebenso weiß ich, daß vor wenigen Jahrhunderten intelligente Leute vom Gegenteil überzeugt waren. Solches Wissen kann und – nach Ansicht der Pragmatisten – *muß* zu einem heilsamen Bewußtsein über die menschliche Fehlbarkeit führen; doch sollte es und kann auch tatsächlich nicht einen universellen Skeptizismus hervorrufen. Man kann wirklichen Zweifel nicht willentlich aufbringen (»Zweifeln ist nicht so einfach wie Lügen«, sagte Peirce einmal). An nichts mehr zu glauben, ist einem wirklichen Menschen nicht möglich. Der Umstand allein, daß wir uns manchmal sogar in sehr grundlegenden Ansichten getäuscht haben, kann nicht bedeuten, daß ich jede bestimmte Ansicht bezweifle. Die Tatsache, daß es keine Hexen gibt, ruft in mir nicht den geringsten Verdacht hervor, daß es vielleicht keine elektrischen Widerstände gebe.

Auch dies mag nur als ein »schwacher Trost« erscheinen. Wenn die Tatsache, daß wir manchmal unrecht haben, kein Grund dafür ist, jede einzelne Ansicht zu bezweifeln – *wirklich* zu bezweifeln –, ist diese Peircesche Unterscheidung auch kein Grund dafür, jeder Ansicht zu trauen. Was wir wollen, so scheint es, ist eine Methode, mit der wir herausfinden können, welche unserer Ansichten *wirklich*, durch Wahrnehmung oder andere Mittel, gerechtfertigt sind und welche nicht. Aber ist nicht der Wunsch nach einer solchen Methode ein Verlangen nach einem unmöglichen Archimedischen Punkt, ein Überbleibsel dessen, was Dewey als »den Drang nach Gewißheit« vernichtend kritisiert hatte?

Ja und Nein. Eine »Methode« im Sinne eines Algorithmus, die alle unsere erkenntnistheoretischen Probleme löst, ist eine Philosophenphantasie (ich erinnere daran, was ich über die pragmatische »Revolte gegen den Formalismus« gesagt habe). Aber Peirce erinnerte uns auch daran – und diese Seite des Pragmatismus wurde von John Dewey während seines langen philosophischen Lebens weitergeführt –, daß die Tatsache, daß wir zum einen wissenschaftliche Untersuchungen (»wissenschaftlich« im großzügigen Sinne, wie ihn Peirce und Dewey einzuführen versuchten) nicht auf einen Algorithmus reduzieren können, zum anderen aber auch keine metaphysische Garantie dafür bekommen können, unsere Ansichten oder Methoden würden nie der Revision bedürfen, nicht bedeutet, daß wir *nichts* darüber wissen, wie geforscht werden soll. Peirce und Dewey glaubten, wir *hätten* schon ziemlich viel darüber gelernt, wie Untersuchungen durchgeführt werden sollen – durch unsere Erfahrungen hierin in der Vergangenheit – und daß einiges, was wir gelernt haben, auf die Forschung im allgemeinen und nicht nur auf spezielle Untersuchungen oder Gegenstände angewandt werden kann.

Solche Ansichten, wie die von Peirce oder Dewey, sind nicht verständlich, wenn man mit einer, wie ich sagen möchte, »carnapschen« Vorstellung von Forschung beginnt. Aus diesem Grund müssen wir uns die Unterschiede zwischen der Weise vergegenwärtigen, in der ein Philosoph wie John Dewey die wissenschaftliche Methode versteht, und der Weise, in der ein Philosoph wie Rudolf Carnap sie versteht. Es ist bemerkenswert, daß in Carnaps großer Arbeit über induktive Logik[21] – der Arbeit, der er fast die ganze Energie seiner letzten beiden Lebensjahrzehnte widmete – kein wesentlicher Bezug auf das *Experiment* vorkommt; das Wort taucht nicht einmal im Index von *The Logical Foundations of Probability* auf! Wissenschaftliche Theorien werden in Carnaps System der induktiven Logik durch »Evidenz« bestätigt, aber es ist völlig unerheblich (das heißt, es gibt keine Möglichkeit, den Unterschied im Formalismus darzustellen), ob diese Evidenz – diese »Beobachtungssätze« – durch zielgerichtetes Experimentieren erreicht wird oder einfach zufällig verfügbar ist. Passive Beobachtung und aktives Eingreifen sind nicht unterschieden, und die Frage, ob jemand tatsächlich versucht hat, die Hypothesen zu *falsifizieren*, die »hochgradig bestätigt« wurden, ist keine Frage, die in der von Carnap ausgebildeten Sprache gestellt oder beantwortet werden kann. Noch wichtiger für unsere Zwecke ist die Tatsache, daß der Begriff, den Carnap benutzte, um seine eigene Stellung im *Aufbau*[22] zu charakterisieren, und zwar den des »methodologischen Solipsismus«, auch auf sein philosophisches Spätwerk, obgleich in einem anderen Sinn, angewandt werden könnte. Denn genauso, wie es aus der Sicht der Carnapschen induktiven Logik keinen Unterschied macht, ob unsere Beobachtung passiv oder aktiv ist, ob wir nur schauen oder eingreifen, macht es auch keinen Unterschied, ob die Beobachtung *kooperativ* ist oder nicht. Letztlich ist der Standpunkt der eines einzelnen isolierten Zuschauers, der Beobachtungen durch einen einseitigen Spiegel macht und Beobachtungssätze aufschreibt. Das Einschätzen von Theorien bezüglich ihrer kognitiven Tugenden ist dann in diesem Bild einfach eine Sache der Benutzung eines Algorithmus', mit dessen Hilfe bestimmt wird, ob ein Satz einen mathemathischen Bezug zu einem anderen Satz hat (die Konjunktion der Beobachtungssätze, die der Beobachter aufgeschrieben hat). Die wissenschaftliche Methode wird als eine Methode der *Berechnung* rekonstruiert, der Berechnung einer Funktion wie Carnaps berühmte »c*«.²³

Das pragmatistische Bild ist völlig anders. Für Peirce und Dewey ist Forschung eine kooperative menschliche Interaktion mit einer Umwelt; und beide Aspekte, das aktive Eingreifen, die aktive Beeinflussung der Umwelt und die Zusammenarbeit mit anderen Menschen, sind entscheidend. Der erste Aspekt, das Eingreifen, hängt mit dem pragmatistischen Fallibilismus zusammen. Natürlich war auch Carnap ein Fallibilist, indem er erkannte, daß eine zukünftige Beobachtung eine Theorie, die heute als sehr gesichert erscheint, entkräften könne; doch für die Pragmatisten war dies nicht fallibilistisch genug. Bevor Karl Popper noch geboren war, betonte Peirce,²⁴ daß Ideen sehr oft nicht widerlegt würden, wenn wir nicht aktiv daran gehen und nach falsifizierenden Experimenten *suchen*. Ideen müssen einem Druck ausgesetzt werden, wenn sie ihren Wert beweisen sollen; und Dewey und James folgten Peirce hierin.

Für die Positivisten – zum Beispiel für Carnap und Reichenbach – bestand die einfachste Art wissenschaftlicher Forschung, die sie auch zuerst untersuchten, als sie ihre (sonst sehr verschiedenen) Induktionstheorien entwickelten, in der Induktion als simpler Aufzählung. Das Modell ist immer ein einzelner Wissenschaftler, der die Farbe der Kugeln feststellt, die nacheinander einer Urne entnommen werden, und der versucht, die Frequenz, in der diese Farben unter den verbleibenden Kugeln vorkommen, zu schätzen. Für die Pragmatisten ist das Modell eine *Gruppe* von Forschern, die versuchen, gute Ideen zu entwickeln und diese auf ihren Wert zu prüfen.

Außerdem wird das Modell des *Algorithmus*, ähnlich einem Computerprogramm, zurückgewiesen. Den Pragmatisten zufolge haben wir Grundsätze und keine Algorithmen, gleichgültig, ob unser Gegenstand die Wissenschaft oder die Ethik ist; und Grundsätze benötigen eine kontextuelle Interpretation. Das Problem der Subjektivität und Intersubjektivität war den Pragmatisten von Anfang an bewußt – nicht als metaphysische Sorge darüber, ob wir überhaupt Zugang zur Welt haben, sondern als ein wirkliches Problem des menschlichen Lebens. Sie bestehen darauf,[25] daß, wenn ein isolierter Mensch auch die denkbar besten Maximen für sich zu interpretieren versuche und anderen nicht gestatte, seine Interpretation oder Anwendung der Maximen zu kritisieren, die Art der »Gewißheit«, die folge, *in der Praxis* auf fatale Weise mit Subjektivität behaftet sei. Sogar der Begriff der »Wahrheit« macht in einer solchen »moralischen Einsamkeit« keinen Sinn, denn »Wahrheit setzt einen Maßstab außerhalb des Denkers voraus«.[26] Begriffe wie »Einfachheit« beispielsweise, haben überhaupt keine klare Bedeutung, es sei denn, die Forscher, die ihre Kompetenz in der Praxis der Forschung bewiesen haben, können sich einigen (zumindest bis zu einem gewissen Grad), welche Theorien »Einfachheit« besitzen und welche nicht. Die Einführung neuer Testbedingungen hängt gleichfalls von Zusammenarbeit ab, da jedem Menschen, der sich den Anregungen von anderen verschließt, früher oder später die Ideen ausgehen und er nur noch die Gedanken ernst nimmt, die seine eigenen Vorurteile widerspiegeln. Zusammenarbeit ist zur Bildung neuer Ideen und deren vernünftiger Überprüfung notwendig.

Aber diese Zusammenarbeit muß von einer bestimmten Art sein, wenn sie wirksam sein soll. Sie muß beispielsweise die Prinzipien der Diskursethik[27] einhalten. Wo es keine Gelegenheit gibt, akzeptierte Hypothesen in Frage zu stellen, etwa indem man die Evidenz, auf welcher deren Akzeptanz gegründet war, oder die Anwendung der Normen wissenschaftlicher Forschung in Bezug auf diese Evidenz kritisiert, oder indem man rivalisierende Hypothesen anbietet, und wo Fragen und Vorschläge systematisch ignoriert werden, dort hat die Wissenschaft zu leiden. Wenn die Beziehungen zwischen Wissenschaftlern zu hierarchischen und abhängigen Beziehungen werden, oder wenn Wissenschaftler andere Wissenschaftler instrumentalisieren, leidet das wissenschaftliche Unternehmen auch.[28] Dewey war nicht naiv. Ihm war bewußt, daß es in der Wissenschaftsgeschichte genauso wie in der Geschichte jeder menschlichen Institution Machtkämpfe gibt. Er wäre über die Ergebnisse der Wissenschaftshistoriker und -soziologen nicht überrascht gewesen; er unterscheidet sich jedoch von einigen unserer gegenwärtigen Vertreter durch seine Überzeugung, daß es sinnvoll sei, einen *normativen* Wissenschaftsbegriff zu haben.

Nach Deweys Vorstellung ist es nicht nur so, daß gute Wissenschaft Achtung der Selbständigkeit, symmetrische Reziprozität und eine Ethik der Diskurse voraussetzt – das gälte sogar, wenn wissenschaftliche Theorien und Hypothesen letztlich durch die Anwendung eines Algorithmus geprüft würden, wie durch die von Carnap erhoffte induktive Logik –, sondern, wie wir gesehen haben, hängt die bloße *Interpretation* der *nicht* algorithmischen Standards, nach denen wissenschaftliche Hypothesen beurteilt werden, von Zusammenarbeit und Diskussion ab, die durch dieselben Normen strukturiert werden. Für ihre volle Entfaltung und für ihre volle Anwendung auf menschliche Probleme benötigt die Wissenschaft die *Demokratisierung der Forschung.*[29]

Was ich gerade gesagt habe, ist teilweise eine *instrumentelle* Rechtfertigung der Demokratisierung von Forschung. Doch Dewey stellt sich der Gewohnheit der Philosophen, Dichotomien zu bilden, entgegen. Insbesondere weist er die Dichotomie von »reiner und angewandter Wissenschaft« und die von »instrumentellem Wert und Zielwert« zurück. Reine und angewandte Wissenschaft sind nach Dewey voneinander abhängige und sich gegenseitig durchdringende Aktivitäten.[30] In ähnlicher Weise sind instrumentelle Werte und Zielwerte voneinander abhängig und durchdringen sich gegenseitig. Die Wissenschaft hilft uns, andere Ziele als die Erlangung von Wissen zum Selbstzweck zu erreichen, und wenn wir der Forschung erlauben, sich zu demokratisieren, weil diese praktischen Ziele dadurch einfach besser erreicht werden können, befinden wir uns inmitten einer zielorientierten Tätigkeit. Gleichzeitig, *eben wenn wir eine zielorientierte Tätigkeit ausüben*, werden wir auch von Rationaliätsnormen geleitet, die für uns zu Zielwerten geworden sind und nicht von der modernen Auffassung von »Rationalität« getrennt werden können. Darüber hinaus sind wir nicht – und waren es nie – an Wissen *ausschließlich* wegen des praktischen Nutzens interessiert; Neugier ist eine Grundeigenschaft der menschlichen Gattung, und reine Erkenntnis ist immer, bis zu einem gewissen Grad und auf bestimmten Gebieten, ein Zielwert, selbst für die am wenigsten Neugierigen unter uns. Es handelt sich *für uns* nicht länger nur um eine soziologisch-deskriptive Tatsache, daß die Wahl der Theorien nach ihrer Prognosekraft und Einfachheit und daß die Förderung demokratischer Zusammenarbeit und Offenheit gegenüber Kritik bei der Schaffung und Beurteilung von Theorien Teil der Natur wissenschaftlicher Forschung sind; diese Normen beschreiben, wie wir uns verhalten *sollen*, wenn wir nach Erkenntnis streben.

# Der Relativismus von Rorty

Rorty wird darauf antworten, daß dies alles schön und gut sei, wir aber nicht vorgeben sollten, daß es auf etwas anderem als den Interessen und Präferenzen unserer »westlichen demokratischen Kultur« beruhe. Lyotard wird befürchten, daß selbst dieser Ratschlag ausbeuterisch sei: Die Wertschätzung demokratischer Diskussion könnte nach dem Dafürhalten dieses »postmodernen« Denkers die »Unvernehmlichen« unterdrükken. Doch die Verweigerung der Diskussion hilft sicher niemandem – auch Lyotard ist nicht der Ansicht, wir profitierten durch gedankenlosen Aktivismus. Und Rortys andauerndes Beharren darauf, daß die Rede von »Wahrheit« rein emotional sei (eine »Anerkennung«, die wir bestimmten Überzeugungen zollen), beruht auf seiner seltsamen Auffassung, wir seien mit der Welt »kausal aber nicht semantisch« verbunden. Rorty ist von der Vorstellung besessen, daß der eliminative Materialismus für die noumenale Welt wahr sei, selbst wenn ihm durch die Logik seiner eigenen Position die Grundlage dafür entzogen ist. Was die pragmatistischen Denker, mit denen ich mich hier auseinandergesetzt habe, gemeinsam haben, ist die Überzeugung, daß die Lösung des Problems des »Weltverlustes« in Handlung und nicht in Metaphysik (oder »postmoderner« Antimetaphysik) liegt. Peirce, James und Dewey hätten gesagt, daß man demokratisch betriebener Forschung vertrauen muß; nicht, weil sie unfehlbar sei, sondern weil wir nur durch den Prozeß der Forschung selbst herausfinden, wo und wie unsere Verfahren der Revision bedürfen. (Diese Pragmatisten hätten hinzugefügt, daß das, was wir über Forschung im allgemeinen gelernt haben, sich auf Forschung im Bereich der Ethik im besonderen anwenden läßt.) Gleichzeitig hätten James und Wittgenstein uns in Erinnerung gerufen, daß das, was öffentlich verifiziert wird (selbst das, was intersubjektiv »gerechtfertigt behauptbar« ist), nicht alles ist, von dem ein

Mensch oder eine Kultur leben kann: James in *Die religiöse Erfahrung in ihrer Mannigfaltigkeit*[31] und Wittgenstein in *Vorlesungen und Gespräche über Ästhetik, Psychologie und Religion*[32] und in *Über Gewißheit* loten die Probleme aus, die sich durch die Grenzen der Intersubjektivität ergeben. Die Bedürfnisse nach intersubjektiv gültigem Wissen, nach Toleranz und nach Lebensformen, die auf existentiellen Verpflichtungen beruhen, die nicht jeder eingehen kann oder soll, sind wirkliche Bedürfnisse. Die Erforschung dieser Bedürfnisse ist ein weites Feld für die Philosophie; wenn man aber ständig wiederholt, daß es »außerhalb des Textes nichts gibt«[33] oder daß alles Denken nur aus »Zeichen und Geräuschen« bestehe, zu deren Produktion wir durch eine blinde materielle Welt, auf die wir uns lediglich *beziehen*[34] können, »veranlaßt« werden, tut man nichts zu deren Erforschung, sondern verbleibt in einem fruchtlosen Schwanken zwischen einem linguistischen Idealismus, der weitgehend ein modischer »Zierat« ist, und einem sich selbst widerlegenden Szientismus. Ich hoffe, Ihnen verständlich gemacht zu haben, daß es eine bessere Alternative gibt, und Sie dazu inspiriert zu haben, diese Alternative weiter zu erforschen.

# ANMERKUNGEN

## Einleitende Bemerkungen

1 Arthur M. Melzer, »Tolerance 101«, in: *The New Republic*, Juni 1991.
2 Vgl. Agnes Heller, *A Philosophy of Morals*, Oxford 1990.
3 Melzer, a. a. O., S. 11 f.

## I. Die bleibende Aktualität William James'

1 Dieser Text geht auf einen Vortrag zurück, den ich im Februar 1992 an der American Academy of Arts and Sciences gehalten habe.
2 Bertrand Russell, *Die Analyse des Geistes*, Leipzig 1927. [Veränderte Übersetzung]
3 Martin Gardner, *The WHYS of a Philosophical Scrivener*, New York 1983, Kap. 2.
4 Ebd., S. 45 f.
5 Jacques Barzun, *A Stroll with William James*, New York 1983, S. 5.
6 Über die gegenseitige Durchdringung von Tatsachen und Werten siehe z. B. den Aufsatz von William James »The Place of Affectional Facts in a World of Pure Experience«, in: *Essays in Radical Empiricism*, Cambridge (Mass.) 1976, der auch den Dualismus »innerer« und »äußerer« Ereignisse angreift. Ich erörtere die gegenseitige Durchdringung von Tatsachen und Theorie in der dritten Vorlesung dieses Bandes; die Forderung, daß unsere Vorstellung einer Tatsache die Vorstellung gesetzesmäßiger Konsequenzen beinhalte (wie sich die betreffenden Dinge wahrscheinlich verhalten werden), stand im Zentrum des »Prinzips des Prag-

matismus« von Peirce, zitiert nach James, *Der Pragmatismus*, 'Leipzig 1908, Hamburg 1977, S. 28 f. James greift ebenfalls die Idee des unfehlbaren introspektiven Wissens an: »Wenn es genügte, Gefühle oder Gedanken in ihrer Unmittelbarkeit zu *haben*, dann wären Babies in der Wiege Psychologen, und zwar unfehlbare. Doch der Psychologe muß seine geistigen Zustände nicht nur in ihrer absoluten Wahrhaftigkeit *haben*, er muß sie berichten und aufschreiben, sie benennen, einteilen und vergleichen und ihren Bezug zu anderen Dingen herstellen [...] Und wie bei der Benennung, Einteilung und Kenntnis von Dingen sind wir offenkundig überhaupt fehlbar; warum nicht auch hier?« *Principles of Psychology*, I., Cambridge (Mass.) 1981, S. 189.

7 In einem Brief an James berichtet Strong, daß F. C. S. Schiller James' »A Word More About Truth« (wiederabgedruckt in: *The Meaning of Truth*, Cambridge (Mass.) 1975, VI, S. 78–89) »nicht verstehen konnte«.

8 Auch »naiver« Realismus genannt (A. d. Ü.).

9 Bertrand Russell, *Philosophie des Abendlandes*, Frankfurt a. M., Zürich 1950, S. 674. [Veränderte Übersetzung]

10 Trotz wiederholter gegenteiliger Stellungmahmen, die sich explizit und implizit in seinen Schriften finden, lesen einige Kritiker James sogar so, als ob er behaupte, daß wenn die Konsequenzen deines Glaubens an *p* gut für *dich* sind, dann sei *p* »für dich« wahr. Hier möchte ich ein für alle Mal festhalten, daß James niemals die Begriffe »wahr für mich« oder »wahr für dich« verwandte. Er bestand darauf, daß Wahrheit ein Begriff sei, der eine Gemeinschaft voraussetze, und er war wie Peirce der Ansicht, daß die größtmögliche Gemeinschaft, die Gemeinschaft aller Personen (und womöglich aller fühlender Wesen) auf lange Sicht gesehen, die relevante ist. Bemerkenswert ist, daß sogar Russell mit seiner Karikatur von James' Wahrheitsvorstellung *diesen* Fehler nicht macht.

11 Russell, *Philosophie des Abendlandes*, S. 674.

12 James, *Der Pragmatismus*, S. 140 f. [Leicht veränderte Übersetzung. Das »fast« im zweiten Satz ist eingefügt, da Putnam darauf verweisen wird. Des weiteren wird das englische Wort *expedient* an dieser Stelle mit »vorwärtsbringend« übersetzt. In der heutigen Diskussion ist der deutsche Begriff dafür »nützlich« bzw. Nützlichkeit«. (A. d. Ü.)]

13 Ludwig Wittgenstein, *Philosophische Untersuchungen*, WA Bd. 1, Frankfurt a. M. 1984, § 43, S. 262.

14 Vgl. Anm. 9.

15 Eine andere berühmte thematische Aussage ist: »Wahr heißt alles, was sich auf dem Gebiete der intellektuellen Überzeugung aus bestimmt angebbaren Gründen als gut erweist.« (*Der Pragmatismus*, S. 48). Bemerkenswert ist, daß James nicht sagt: »aus welchen Gründen auch immer« – er fährt fort und gibt diese »bestimmt angebbaren Gründe« an –, und doch wird er oft so gelesen, als hätte er geschrieben: »aus welchen Gründen auch immer«!

16 *The Meaning of Truth*, S. 106.

17 »[...] in ganz außerordentlicher Fruchtbarkeit Folgeerscheinungen [...], die wir mit unsern Sinnen wahrnehmen können«, *Der Pragmatismus*, S. 117.

18 »Wir lassen von unserem früheren Wissen, von unseren alten Überzeugungen und Vorurteilen so viel als nur möglich unverändert.« Ebd., S. 105.

19 »Eine neue Meinung gilt in dem Maße für ›wahr‹, als sie unser Bedürfnis, das Neue der Erfahrung mit den alten Überzeugungen zu assimilieren, zu befriedigen vermag.« Ebd., S. 40.

20 Ebd., S. 51.

21 Vgl. Willard van Orman Quine, »Zwei Dogmen des Empirismus«, in: *Von einem logischen Standpunkt. Neun logisch-philosophische Essays*, Frankfurt a. M., Berlin, Wien 1979, Kap. II.

22 James besteht außerdem darauf, daß subjektive »Befriedigung« irrelevant ist, »solange nicht auch die Realität zufällig dahin geführt ist«. *The Meaning of Truth*, S. 106. Dies hängt natürlich mit James' Realismus zusammen, auf den ich weiter unten zu sprechen komme.

23 Vgl. für eine kritische Diskussion der angeblichen philosophischen Bedeutung von Tarskis Werk mein *Repräsentation und Realität*, Frankfurt a. M. 1991, Kap. 4.

24 James ist sich dieser Anschuldigung bewußt und nimmt dazu Stellung, siehe *The Meaning of Truth*, S. 108.

25 Vgl. James, »Spencer's Definition of Mind as Correspondence«, in: ders., *Essays in Philosophy*, Cambridge (Mass.) 1978, S. 21. Ich muß hinzufügen, daß James in diesem Essay von 1878 zeigt, daß das, was zu denken »bestimmt« ist, nicht im strengen Sinne vorherbestimmt ist; die James'sche Lehre, daß wir mithelfen zu bestimmen, was das »Denken zwangsläufig ergreift«, ist in diesem Essay deutlich zu sehen. In *Der Pragmatismus* wird die Wahrheit, in diesem Sinne verstanden, zu einer »regulativen Idee«, statt etwas zu sein, dessen wir sicher sein könnten.

26 Diese Vorlesungen wurden als eine Ausgabe des *Journal of Philosophy* im September 1994 veröffentlicht. Siehe insbesondere die dritte Vorlesung »The Face of Cognition«.

27 Dies ist der Anfang von James' Antwort auf das sechste von acht »Mißverständnissen des Pragmatismus«: »*Sechstes Mißverständnis: Der Pragmatismus erklärt nicht das, was Wahrheit ist, sondern nur, wie man sie erlangt.*« *The Meaning of Truth*, S. 108f.

28 Ebd., VIII, S. 99–116.

29 Ebd., »Erstes Mißverständnis«, S. 100.

30 Bemerkenswert ist, daß James' Begriff der Kohärenz (»was zu jedem Teil des Lebens am besten paßt und sich mit der Gesamtheit der Erfahrungsanforderungen der Erlebnisse verbindet, ohne daß etwas ausgelassen wird«) das Zueinanderpassen von Überzeugungen mit den Anforderungen der Erfahrung und mit dem Leben beinhaltet, nicht nur mit anderen Überzeugungen.

31 *Der Pragmatismus*, S. 38 (Hervorhebung H. P.).

32 Ebd., S. 38f.

33 Vgl. mein *Vernunft, Wahrheit und Geschichte*, Frankfurt a. M. 1990; John McDowell, »Are Moral Requirements Hypothetical Imperatives«, in: *Proceedings of the Aristotelian Society*, Ergänzungsbd. 52 (1978); u. ders., »Virtue and Reason«, in: *Monist*, 62 (1979).

34 James, »Spencer's Definition of Mind as Correspondence«, a. a. O., S. 21.

35 Vivian Walsh, »Philosophy and Economics«, in: *The New Palgrave: A Dictionary of Economics*, Bd. 3, hg. v. J. Eatwell, M. Milgate u. P. Newman, London, New York 1987. [Das englische Original spielt mit der Homophonie von *red* und *read* (A. d. Ü.).]

36 Daniel Dennett, »Real Patterns«, in: *Journal of Philosophy* 88, Nr. 1 (1991), S. 27–51.

37 Dies ist ein Thema, das von Jürgen Habermas in seinem philosophischen Werdegang immer wieder verfolgt wurde.

38 »James's Theory of Perception«, u. mit Ruth Anna Putnam »William James's Ideas«, beide wiederabgedruckt in: *Realism with a Human Face*, Cambridge (Mass.) 1990.

39 XXV. Vorlesung in: Wittgenstein, *Lectures on the Foundations of Mathematics*, Cora Diamond (Hg.), Chicago 1990.

40 In: James, *The Will to Believe and Other Essays in Popular Philosophy*, Cambridge (Mass.) 1979, S. 141–162.

## II. War Wittgenstein ein Pragmatist?

1 Vgl. *Philosophische Untersuchungen*, § 129, S. 304.
2 Vgl. I, Anm. 17.
3 Vgl. Hans Reichenbach, *Relativitätstheorie und Erkenntnis Apriori*, Berlin 1920.
4 Ich sage, sie seien als »herkömmlich formulierte« unsinnig, da ich nicht sagen will und auch Wittgenstein nicht dahingehend interpretieren will, daß es müßig sei, über diese Fragen nachzudenken. Siehe James Conants Einführung zu meinem Sammelband *Realism with a Human Face*, a. a. O., den er herausgegeben hat.
5 So schreibt Rorty: »Die Welt spricht überhaupt nicht. Nur wir sprechen. Die Welt kann, *wenn wir uns eine Sprache einprogrammiert haben*, die Ursache dafür sein, daß wir Meinungen vertreten.« (*Kontingenz, Ironie und Solidarität*, Frankfurt 1989, S. 25, Hervorhebung H. P.). Vgl. auch den Hinweis auf die Maßstäbe einer Gemeinschaft (im »normalen« Diskurs) als »Algorithmus« in: ders., *Der Spiegel der Natur, Eine Kritik der Philosophie*, Frankfurt a. M. 1981, S. 371 f.
6 Siehe Rorty »Solidarity and Objectivity«, in: C. West u. J. Rajchman (Hg.), *Postanalytic Philosophy*, New York (N. Y.) 1985.
7 *Philosophische Untersuchungen*, S. 574 f.
8 »Man kann wohl durch die Evidenz davon überzeugt werden, daß Einer sich in dem und dem Seelenzustand befinde, daß er z. B. sich nicht verstelle. Aber es gibt hier auch ›unwägbare‹ Evidenz.« *Philosophische Untersuchungen*, S. 575.
9 *Über Gewißheit*, WA Bd. 8, Frankfurt a. M. 1984, § 605.
10 Man stelle sich vor, ein Felsbrocken der Erde würde zum Mond transportiert und dort abgestellt. Aristoteles' Physik nimmt eindeutig an, daß dieser Fels auf die Erde zurückfiele, während Newtons Physik die richtige Voraussage trifft (daß er auf dem Mond bliebe oder, wenn man ihn anhöbe und dann losließe, auf die Oberfläche des Mondes zurückfiele). Es gibt in der großzügigen Behauptung, daß Aristoteles' und Newtons Physik »inkommensurabel« seien, eine gewisse großartige Gleichgültigkeit dem *Detail* gegenüber.
11 Das ist Quines Ausdruck für (korrekt formalisierte) Wissenschaft.
12 Ich sage dies, obwohl die folgenden Passagen aus *Über Gewißheit* auf den ersten Blick für Rorty zu sprechen scheinen:
»608. Ist es falsch, daß ich mich in meinem Handeln nach dem Satze der Physik richte? Soll ich sagen, ich habe keinen guten Grund dazu? Ist [es] nicht eben das, was wir einen ›guten Grund‹ nennen?

609. Angenommen, wir träfen Leute, die das nicht als triftigen Grund betrachteten. Nun, wie stellen wir uns das vor? Sie befragen statt des Physikers ein Orakel. (Und wir halten sie darum für primitiv.) Ist es falsch, daß sie ein Orakel befragen und sich nach ihm richten? – Wenn wir dies ›falsch‹ nennen, gehen wir nicht schon von unserm Sprachspiel aus und *bekämpfen* das ihre?

610. Und haben wir recht oder unrecht darin, daß wir's bekämpfen? Man wird freilich unser Vorgehen mit allerlei Schlagworten (slogans) aufstützen.

611. Wo sich wirklich zwei Prinzipien treffen, die sich nicht miteinander aussöhnen können, da erklärt jeder den Andern für einen Narren und Ketzer.

612. Ich sagte, ich würde den Andern ›bekämpfen‹, – aber würde ich ihm denn nicht *Gründe* geben? Doch; aber wie weit reichen die? Am Ende der Gründe steht die *Überredung*. (Denke daran, was geschieht, wenn Missionäre die Eingeborenen bekehren.)« S. 243 f.

Jedoch beim genaueren Lesen ist die Interpretation Rortys nicht haltbar. Man beachte zunächst einen kleinen Punkt. Wenn wir nur § 609 hätten, könnte man sagen, daß Wittgenstein sich von denen distanzierte, die der Auffassung sind, das Befragen eines Orakels sei »falsch«. Es wird nicht klar, ob das »wir« in: »Wenn wir dies ›falsch‹ nennen, gehen wir nicht schon von unserm Sprachspiel aus und *bekämpfen* das ihre?« Wittgenstein selbst miteinschließt. Diese Zweideutigkeit wird in § 612 direkt aufgelöst, wo Wittgenstein sagt: »Ich sagte, ich würde den Andern ›bekämpfen‹.« Wittgenstein ist also in diesem Fall nicht nur ein Zuschauer; zumindest manchmal ist er bereit, ein anderes Sprachspiel zu bekämpfen. Wer würde dies nicht? (Welcher anständige Mensch würde ein Sprachspiel, das zum Beispiel eine Feuerprobe einschlösse, nicht bekämpfen?) Und wir können nicht annehmen, daß die Dinge, die Wittgenstein bei der Bekämpfung eines anderen Sprachspiels sagen würde (zum Beispiel daß es »absurd« sei, mittels einer Feuerprobe zu irgendeinem Urteil gelangen zu wollen) in einem gewissen Sinne von ihm nicht geglaubt würden, oder daß sie von ihm auf eine spezielle metaphysische Weise neu interpretiert würden, denn der Kerngedanke von *Über Gewißheit* ist der, daß wir keinen anderen Ort haben als innerhalb unseres eigenen Sprachspiels. Wenn Worte wie »wissen« zum Beispiel keine metaphysische Betonung vertragen, wie Wittgenstein an einer Stelle zu verstehen gibt, dann ist dies Grund genug, sie dort einzusetzen, wo sie hingehören, und ohne diese metaphysische Bedeutung. Wittgenstein meint einfach, daß es absurd ist, Fragen durch Feuerproben zu entscheiden.

Was ist aber mit dem Schluß von § 612: »aber würde ich ihm denn nicht *Gründe* geben? Doch; aber wie weit reichen die? Am Ende der Gründe steht die *Überredung.* (Denke daran, was geschieht, wenn Missionäre die Eingeborenen bekehren.)« In meiner Sicht teilt Wittgenstein uns hier lediglich mit, was der Fall ist; daß es wenn wir mit beispielsweise den Azande versuchen zu diskutieren, Augenblicke gibt, in denen wir keine Gründe finden können, die auch Gründe für jene sind; die Weltanschauungen sind so grundverschieden, daß wir in einer Diskussion mit einem intelligenten Azande nicht auf normale Argumente, die auf Voraussetzungen beruhen, die wir mit den Azande teilen, zurückgreifen können, sondern Zuflucht zur Überredung nehmen müssen.

13   Vgl. James Conant, »Must we Show What We Cannot Say?« in: *The Senses of Stanley Cavell*, Lewisburgh, Pennsylvania 1989.

14   *Walden oder Leben in den Wäldern*, Zürich 1979. Doch Thoreau schreibt im selben Abschnitt auch: »Wir lesen, von dem Reisenden, der den Knaben fragte, ob der Sumpf einen festen Grund habe. Der Knabe antwortete, er hätte einen. Kurz darauf sank das Pferd des Reisenden bis zum Sattelgurt ein, und er sagte zu dem Knaben: ›Ich glaubte, du sagtest, dieser Sumpf habe einen festen Grund.‹ ›Das hat er auch‹, antwortete jener, ›aber Ihr habt noch nicht die Hälfte des Weges bis dahin zurückgelegt.‹ So verhält es sich auch mit den Sümpfen und dem Treibsand der Gesellschaft; abver er ist schon alt und weiß das.« S. 320 [leicht veränderte Übersetzung]. Siehe Cavells Diskussion in »Portions«, in: ders., *The Senses of Walden*, New York (N. Y.) 1972, erw. Ausg. 1981, Kap. 3.

15   Vgl. meinen Aufsatz »Pragmatism and Moral Objectivity«, in: Martha Nussbaum u. Jonathan Glover (Hg.), *Women, Culture and Equality: A Study in Human Capabilities*, Oxford 1994; aufgenommen in mein *Words and Life*, Cambridge (Mass.) 1994.

16   Zur Diskussion siehe Yirmiyahu Yovel, *Kant and the Philosophy of History*, Princeton 1986.

17   In diesem Abschnitt beziehe ich mich auf meinen Aufsatz »Does the Disquotational Theory of Truth Really Solve All Philosophical Problems«, in: *Words and Life*; vgl. auch »Sense, Nonsense and the Senses«, meine Vorlesungen über Dewey, veröffentlicht in: *Journal of Philosophy*, September 1994, insbesondere Vorlesung 3, »The Face of Cognition«.

18 Wittgenstein erklärte in einem Brief an den Verleger Ludwig von Ficker, daß die Absicht des *Tractatus* darin besteht, das »Ethische« *von Innen her* zu begrenzen. Vgl. Georg Henrik von Wright, »Historical introduction, The origin of Wittgenstein's *Tractatus*«, zu: *Prototractatus, An early version of Tractatus Logico-Philosophicus by Ludwig Wittgenstein*, hg. v. B. F. McGuiness, T. Nyberg, G. H. v. Wright, London 1971, S. 15. [Ludwig Wittgenstein, Briefe an Ludwig von Ficker, Salzburg 1969, Brief 23, S. 35. A. d. Ü.]

19 Ich denke an Michael Williams Rezension meines Buchs *Vernunft, Wahrheit und Geschichte*, in: *Journal of Philosophy*, LXXXI, Nr. 5, Mai 1984.

20 Vgl. Paul Horwich, *Truth*, Cambridge (Mass.), Oxford (UK) 1990, u. seine Rezension über Saul A. Kripke, *Wittgenstein on Rules and Private Language*, Oxford (UK) 1982, in: *Philosophy of Science* (1984) [dt.: *Wittgenstein über Regeln und Privatsprache*, Frankfurt a. M. 1987].

21 Ich habe diese Modelle in »Dreaming and ›depth grammar‹« analysiert; wiederabgedruckt in: *Mind, Language and Reality*, Cambridge (UK) 1975, S. 304–324.

22 Ich meine »beinahe vorgeschlagen«, weil es bei Winch eine Tendenz gibt – gegen die er sicherlich ankämpft –, die Sprachspiele primitiver Völker mit den unsrigen als *inkommensurabel* anzusehen. Damit stimmt Wittgenstein nicht überein. Aber Winch gebührt das Verdienst, klarer als beinahe jeder andere Interpret gesehen zu haben, wohin Wittgenstein wollte. In dieser Hinsicht sind seine Essays in *Ethics and Action*, London (UK) 1972, viel besser als sein Buch *Die Idee der Sozialwissenschaft und ihr Verhältnis zur Philosophie*, Frankfurt a. M. 1974 (engl. Orig.: London (UK) 1967).

23 Jürgen Habermas, *Theorie des kommunikativen Handelns*, 2 Bde., Frankfurt a. M. 1981, z. B. S. 114 ff.

24 *Philosophische Untersuchungen*, § 43, S. 262.

25 Ebd., §§ 563–4.

26 In: *Vorlesungen und Gespräche über Ästhetik, Psychologie und Religion*, Göttingen 1968, S. 87–110.

27 Ebd., vgl. S. 109 f.

28 In: Wittgenstein, *Vortrag über Ethik und andere kleinere Schriften*, hg. v. Joachim Schulte, Frankfurt a. M. 1989, S. 29–46.

29 John Dewey, *Experience and Nature*, in: *The Later Works: 1925–1953*, Bd. 1: 1925, Illinois 1981, S. 305.

# III. Der Pragmatismus und die gegenwärtige Debatte

1 Zur Unmöglichkeit, ein solches Urteil in einen »Wertbestandteil« und einen »deskriptiven Bestandteil« zu zerlegen, vgl. mein Buch *Vernunft, Wahrheit und Geschichte*, Frankfurt a. M. 1982, v. a. Kap. 9; sowie John McDowell, »Are Moral Requirements Hypothetical Imperatives?«, in: *Proceedings of the Aristotelian Society*, Ergänzungsbd. 52 (1978); u. ders., »Virtue and Reason«, *Monist*, 62 (1979).

2 Zu dieser Art von Beschreibung vgl. Wittgensteins Untersuchung der ästhetischen Wertschätzung in: *Vorlesungen und Gespräche über Ästhetik, Psychologie und Religion*, Göttingen 1968. Man beachte insbesondere Wittgensteins Beobachtung, daß das Wort *schön* »kaum eine Rolle« spielt [vgl. S. 22, A. d. Ü.].

3 Obwohl Reichenbach beispielsweise in seinem 1920 erschienenen Buch *Relativitätstheorie and Erkenntnis Apriori* darauf hinwies, wie Beobachtungen theoriegeleitet sind, ignoriert er es in seiner berühmten Schrift »Die Rechtfertigung des Induktionsprinzips«, in: ders., *Erfahrung und Prognose*, Braunschweig, Wiesbaden 1983, § 39. Carnaps Schriften zeigen ein ähnliches Schwanken zwischen dem Anerkennen der gegenseitigen Abhängigkeit von Beobachtung und Theorie, v. a. in: *Die Logische Syntax der Sprache*, Wien 1934, und dem, daß er (in seinen späteren Schriften) Beoabachtungsaussagen (von denen es heißt, sie seien »vollständig interpretiert«) von theoretischen Aussagen (von denen es heißt, sie seien »nur teilweise interpretiert«) scharf trennt.

4 Am bekanntesten C. S. Peirce; um einen Überblick über seine Philosophie zu bekommen, vgl. sein *Reasoning and the Logic of Things*, hg. v. Ken Ketner u. mir, Cambridge (Mass.) 1992.

5 Wenn ich mich beispielsweise nicht in einem Raumschiff im Weltraum befinde.

6 Rogers Albritton hat in einem Gespräch dagegen Stellung bezogen, solche Aussagen wie »Ich sehe einen Stuhl« als *theoriegeladen* zu bezeichnen, mit der Begründung, daß diese Verallgemeinerungen *nicht Teil der Bedeutung* der Aussage sind. Doch Wittgensteins Punkt war der, daß etwas als ein Angelpunkt funktionieren kann, an dem sich das Sprachspiel dreht, *selbst wenn* »mit der Zeit das Ufer und der Fluß die Plätze tauschen können« – wir benötigen hier keine *analytischen* Implikationen, um zu sehen, daß die »Tatsache« und die »Generalisierungen« allein für ihre Verstehbarkeit in unserem Sprachspiel, *so wie es jetzt ist*, voneinander abhängig sind.

7 Ian Hacking, *Representing and Intervening*, Cambridge (UK) 1983.

8 Ebd, S. 23.

9 In *Wittgenstein's Lectures on the Foundations of Mathematics*, hg. v. Cora Diamond, Chicago 1990.

10 In seiner Antwort an mich in: *The Philosophy of W. V. Quine*, La Salle, Illinois, 1986, S. 427–431.

11 Bemerkenswert ist, daß das Wort »Hexe« in den heutigen europäischen Sprachen für die meisten Sprecher *keine* »Reizbedeutung« hat und deshalb keinen Beobachtungssatz im Quineschen Sinne darstellt, während angenommen *bosorkanyok* ein Beobachtungssatz in der Dschungelsprache ist. *Bosorkanyok* aber als »Hexe« und *nicht* als »alte häßliche Frau mit einer Warze auf der Nase« zu übersetzen – obwohl das letzte ein Beobachtungssatz ist und dieselbe Reizbedeutung wie *bosorkanyok* hat –, kann zutreffend sein!

12 Vgl. Hans-Georg Gadamer, *Wahrheit und Methode*, Tübingen 1986, S. 388.

13 Vgl. John McDowells hervorragende Erörterung über diesen Aspekt Wittgensteins Denken in: »Noncognitivism and Rule Following«, in: S. H. Holtzman u. C. M. Leich (Hg.), *Wittgenstein: to Follow a Rule*, London, New York 1981.

14 Vgl. Morton White, *Social Thought in America: The Revolt Against Formalism*, New York (N. Y.) 1949.

15 In: Peter Bieri (Hg.), *Analytische Philosophie der Erkenntnis*, Frankfurt a. M. ²1992.

16 Ich möchte damit nicht sagen, daß Donald Davidson dieser Ansicht *ist*, *wohl* aber Jerry Fodor (in: *Psychosemantics*, Cambridge (Mass.) 1987, beispielsweise). Warum dies eine unrealistische Vorstellung von Kausalität darstellt, siehe mein »Is the Causal Structure of the Physical Itself Something Physical?«, in: *Realism with a Human Face*, Cambridge (Mass.) 1990, S. 80–95, sowie *Renewing Philosophy*, Cambridge (Mass.) 1992.

17 Diese Beobachtung und den folgenden Punkt verdanke ich John McDowells *Mind and World*, Cambridge (Mass.) 1994; dennoch sollte man ihn nicht für meine Formulierung verantwortlich machen.

18 Siehe vorangehende Anm.

19 Ich bin in Chicago geboren, kam aber wenige Monate alt mit meinen Eltern nach Frankreich und lernte, bis wir 1934 in die Vereinigten Staaten zurückkehrten, kein Englisch.

20 Nach Jerry Fodor (*The Modularity of Mind*, Cambridge (Mass.) 1983) liegt das daran, daß sich ein »Modul« – ein subpersoneller

automatischer Prozessor – in meinem Gehirn gebildet hat, der diesen Satz »erkennt«, indem er eine ziemlich einfache Heuristik anwendet. Fodor benutzt diese Hypothese, um zu *leugnen*, daß das Erkennen des Satzes eine begriffliche Aktivität sei. Hier liegt aber eine mehrfache Verwirrung vor: (1) Wenn man das Modul aus meinem Gehirn entfernte, künstlich am Leben erhielte und elektrisch stimulierte, wäre das Resultat kein »auditives Sinnesdatum«, das sich in einer Handvoll Neuronen abspielte, sondern nur ein physikalisches Ereignis. Indem er die Erträge seiner Module mit *Erscheinungen* identifiziert, begeht Fodor einen Fehler, vor dem James in *The Principles of Psychology*, I-III, Cambridge (Mass.) 1981, wiederholt warnt (vgl. meine Besprechung von Fodors Buch in: *Cognition*): Die Tatsache, daß ein Geringes an Maschinerie im Gehirn für eine geistige Tätigkeit *notwendig* ist, bedeutet nicht, daß wir die geistige Tätigkeit mit dem Operieren der Maschinerie einfach *identifizieren* können. Einen Satz zu hören und zu verstehen, schließt sehr viel *mehr* ein als die Operation des Moduls; obwohl diese, wenn Fodors Theorie richtig ist, ein Teil dessen ist, was uns *ermöglicht*, den Satz zu hören und zu verstehen. (2) Wenn das entsprechende begriffliche Wissen irgendwie aus meinem Gehirn entfernt würde, ohne daß das Modul gestört würde, so könnte ich das Gefühl haben, den Satz zu »erkennen«, doch dies wäre gefolgt von der beunruhigenden Erkenntnis, daß ich keine Ahnung habe, was er bedeutet – dies wäre nicht die Erfahrung, daß man jemanden sagen höre: »In ein paar Minuten essen wir«, oder was auch immer. Nur aufgrund des begrifflichen Systems ermöglicht mir der Ablauf des subpersonellen Mechanismus, *das* zu hören. Wie James ausführt, können die angelegten »Gehirnspuren« et cetera, die die Neurobiologen auch zu James' Zeiten gerne mit geistigen Tätigkeiten gleichsetzten, völlig andere Dinge tun, abhängig vom Geschehen im Rest des Gehirns und Körpers. Bei McDowell bedeutet das Hören eines Satzes oder Sehen eines Stuhls Informationsbeschaffung aus der Umwelt; *dies* sei die Tätigkeit von Wahrnehmung, und – da sie die gesamte *Transaktion* zwischen dem Organismus und der Umwelt einbezieht (hier benutze ich John Deweys Begriffsbestimmung, um McDowells Anliegen zu erläutern!) – Wahrnehmung sollte nicht so vorgestellt werden, als ob sie im Kopf stattfände, obwohl die neurologischen Mechanismen, auf denen sie beruht, im Kopf sind. *Der Geist ist nicht im Kopf.* (3) Ein weiterer Grund, weshalb Fodor das Spracherkennen als nichtbegrifflich ansehen will, liegt darin, daß nach seiner Bedeutungstheorie (wie sie später in *Psy-*

*chosemantics* und *The Modularity of Mind* entwickelt wurde) die *Bedeutung* der Wörter nicht, nicht einmal teilweise, durch die begrifflichen Bezüge zwischen den verschiedenen Ausdrücken, die ich beherrsche – zum Beispiel zwischen »Minute« und meinen anderen Zeitbegriffen –, bestimmt wird, sondern *einzig* durch »nomische Beziehungen« zwischen den Wörtern (zum Beispiel *Minute*) und den entsprechenden »Universalien« (zum Beispiel »Minütlichkeit«). Diese »Universalien« sind lediglich durch Wörter gestaltete Gegenstände, die Fodors Metaphysik in die Welt hineinprojiziert, damit sich die Wörter vermittels mysteriöser »nomischer Beziehungen« einklinken; die ganze Geschichte ist nichts weiter als eine »naturalistische« Version des Mythenmuseums der Bedeutung.

21 Rudolf Carnap, *The Logical Foundations of Probability*, Chicago 1950, u. *The Continuum of Inductive Methods*, Chicago 1952.

22 Vgl. Carnap, *Der logische Aufbau der Welt*, Berlin 1928.

23 Vgl. *The Logical Foundations of Probability*, S. 293 ff.

24 »Es ist ein grober Fehler, der vorausgehenden Wahrscheinlichkeit von Hypothesen große Wichtigkeit zuzusprechen, außer in extremen Fällen; denn Wahrscheinlichkeiten sind meist bloß subjektiv und haben so wenig realen Wert, daß sich, wenn man die bemerkenswerten Gelegenheiten bedenkt, die uns dadurch entgehen, auf lange Sicht ihre Beachtung nicht lohnt. Jede Hypothese sollte geprüft werden, indem man sie zwingt, verifizierbare Voraussagen zu machen.« *Collected Papers of Charles Saunders Peirce*, Bd. V, *Pragmatism and Pragmaticism*, hg. v. C. Harthorne u. P. Weiss, Cambridge (Mass.) 1934, S. 419 [5.599].

25 Die Omnipräsenz dieses Themas in Peirces Philosophie ist der Gegenstand von Karl-Otto Apels »Einführung: Peirces Denkweg vom Pragmatismus zum Pragmatizismus«, in: Charles Sanders Peirce, Schriften II, *Vom Pragmatismus zum Pragmatizismus*, Frankfurt a. M. 1970, S. 11–211. Vgl. James, »The Moral Philosopher and the Moral Life«, in: a. a. O., u. Dewey »Nature, Communication and Meaning«, in: *Experience and Nature*, in: *The Later Works: 1925–1953*, Bd. 1: 1925. Illinois 1981.

26 James, »The Moral Philosopher and the Moral Life«.

27 Dies ist der ethische Ansatz, der durch Habermas und Apel berühmt wurde. Vgl. Habermas, *Theorie des kommunikativen Handelns*, 2 Bde., Frankfurt a. M. 1981; Karl-Otto Apel, *Diskurs und Verantwortung, Das Problem des Übergangs zur postkonventionellen Moral*, Frankfurt a. M. 1988. Zum Vergleich von Diskursethik und Pragmatismus siehe »A Reconsideration of Deweyan

Democracy«, in: Hilary Putnam, *Renewing Philosophy*, a. a. O.,
S. 180–200.

28 Ich benutze in diesem Satz die Wortwahl Agnes Hellers in *A Philosophy of Morals*, Oxford 1990, um den »ethischen« Ton der Normen, die die wissenschaftliche Forschung leiten, hervorzuheben.

29 Gegen den Einwand, wir würden nicht *alle* Ansichten berücksich-
tigen, wenn wir eine wissenschaftliche Hypothese betrachten –
auf unterrichtete Meinungen komme es an –, lautet Deweys Antwort (in: *Logic: The Theory of Inquiry*, in: *The Later Works: 1925–
1953*, Bd. 12: 1938, Illinois 1986), daß es, obwohl dies richtig ist,
dennoch ein Stadium *gibt*, in dem die Laienmeinung zählen sollte.
Die *Anwendung* der Wissenschaft ist gleichzeitig ein Test der angewandten Hypothesen, und dieser Test muß demokratisch kon-
trolliert sein. (Man denke daran, was passieren würde, wenn Arz-
neimittel und medizinische Geräte nur von den Herstellerfirmen
getestet würden!)

30 Dies wird von R. A. Putnam und mir in »Dewey's Logic: Epsite-
mology as Hypothesis«, in: *Transactions of the C. S. Peirce Society*
26 (1990), S. 407–434, diskutiert.

31 James, *Die religiöse Erfahrung in ihrer Mannigfaltigkeit*, Leipzig
1914.

32 Wittgenstein, *Vorlesungen und Gespräche über Ästhetik, Psychologie und Religion*, Göttingen 1968.

33 Das ist ein berühmter (und rätselhafter) Ausspruch Derridas.

34 Auf diese Weise präsentierte Rorty seine Ansicht auf einer Konfe-
renz über Wahrheit in Paris am 3. Mai 1990, die vom College Inter-
nationale de Philosophie organisiert wurde.

# REGISTER

## Europäische Vorlesungen in der Edition Pandora

Wolf Lepenies
### Aufstieg und Fall der Intellektuellen in Europa
Europäische Vorlesungen I
96 Seiten. ISBN 3-593-34787-3

»Spannend geschrieben zeichnet dieser Überblick intellektuelle Kurz- und Trugschlüsse nach, die uns zuweilen verwundern. Mit Lepenies wird verständlich, wieso es den Geistesarbeitern seit der Frühmoderne eher selten gelang, dieser Empfehlung Goethes zu entsprechen.« *Die Zeit*

Aldo G. Gargani
### Der Text der Zeit
Dekonstruktionen einer Autobiographie
Europäische Vorlesungen II
132 Seiten. ISBN 3-593-34958-2

In einem subtilen Versuch entwirft Gargani eine philosophische Ästhetik, die dem Leser ein Labyrinth von Ereignissen und Imaginationen eröffnet, in das er durch den Sog des Textes hineingezogen wird.

John D. Barrow
### Warum die Welt mathematisch ist
Europäische Vorlesungen III
108 Seiten. ISBN 3-593-34956-6

»Barrow fragt, inwieweit und mit welchen Mitteln sich auf mathematischem Weg die Strukturen der Welt und die Strukturen des Denkens zur Deckung bringen lassen, und welche Wirklichkeit die Mathematik beschreibt.« *Basler Zeitung*

Campus Verlag · Frankfurt/New York